KB151259

융합연구방법론

문제중심형 초학제적 접근방법

저자 | PATRICIA LEAVY 역자 | 송인한

역자 서문:

초학제적 융합연구의 시대

가지고 있는 연장이 망치뿐이라면, 모든 문제가 못으로 보일 것이다.
- 에이브라함 매슬로우

융합연구방법론에 관한 책의 서문으로서는 역설적으로 들릴 수 있겠지만, 사실 융합연구가 반드시 필요하지는 않을 수도 있다. 오히려, 어떤 측면에서 융합연구는 비효율적이기까지 하다. 융합연구는 상대적으로 오랜 시간과 비용이 드는 현실적 어려움이 있는데다, 기존의 단학제적 연구에 익숙한 연구자들이 새로운 타학문에 익숙해지기 위해서는 더 많은 에너지가 요구된다. 다른 학문이 사용하는 용어나 개념에 대해서도 상호간 훈련이 필요하며, 타 학문에 익숙해지는데는 상당한 노력이 필요하다. 게다가, 배경이나 인식의 방법이 전혀다른 학자들(그것도 자신의 분야에 매우 강한 자신감을 가진 학자라는 까다로운 사람들이!)이 모인다면 오해와 갈등이 일어날 가능성도 높을 뿐더러, 누가 그

갈등을 해결할 수 있을지 어려운 일이다.

융합연구에 대한 어려움을 좀 더 이야기한다면, 융합연구의 결과를 어느 학문분야에서 발표할 것인가, 어느 학술지에 투고할 것인가도 복잡한 문제이며, 테뉴어를 받기 전의 교수들이 충분한 시간을 가지고 긴 호흡의 융합연구를 하는 것도 현실적으로 어려운 것이 사실이다. 융합연구로 학위를 받은 대학원생들이 어느 전공의 교수직에 지원할 것인지도 고민이 될 것이다. 대학 혹은 연구기관에서 융합연구를 지지할 것인지, 더 시간과 노력이 많이 드는 융합연구에 대해 적절한 보상을 할 것인지, 융합적 연구팀이 계속 지속할 수 있는 환경이 제공될 것인지도 쉽지 않은 문제이다.

융합연구로 인해, 기존의 단학제적 연구에서는 할 필요가 없었던 새로운 고민들에 직면하게 되는 것이다. 이쯤 되면 융합연구가 과연 꼭 필요한가 고민이 되는 것도 당연하다.

그러나!

이러한 어려움에도 불구하고 중요한 것은, 지금이 융합연구를 필요로 하는 시대라는 점이다. 우리가 직면하고 있는 현실은, 과거 그 어느 때 보다도 더욱 복잡하고 어려운 문제로 가득차 있으며, 그러한 복잡하고 어려운 문제들은 과거에 우리가 익숙했던 인식의 틀로 이해하기 어렵고, 과거의 문제해결 방법으로 문제를 풀기에는 새로운 접근방법이 필요하다. 앞서 인용한 매슬로우의 표현을 적용한다면, 과거의 도구만을 가지고 있다면, 우리는 새로운 문제를 모두 과거의 틀로 밖에 보지 못할 수 있다. 어쩌면 우리는 오랫동안 익숙한 과거의 단학제적 "망치"를 들고 있어서, 새로운 사회현상까지도 모두 "못"으로 파악하여 "망치"를 이용하려는 관성을 가지고 있는지도 모른다.

　지금의 우리 인류가 접하고 있는 문제를 풀기 위해, 과거와 다른 지적 접근법이 필요하며 문제해결을 위한 새로운 접근법이 필요하다. 이러한 시점에서 주목받고 있는 것이 바로 융합방법론이다.

　역자가 시카고 대학에서 훈련받던 당시 처음 접하게 된 학제간 융합연구의 경험은 새로운 관점으로 세상을 보게 하는 놀라운 경험이었음을 기억한다. 융합적 접근으로 이루어진 여성건강연구(Women's Wellness Study) 프로젝트와 학제간 건강불평등 연구소(Center for Interdisciplinary Health Disparities Research)에 참여하면서, 분자생물학과 기초의학에서부터, 심리학, 사회학, 정책학, 사회복지학에 이르기까지 다양한 분야의 배경을 가진 학자들과의 초학제간 협력을 통해 많은 가르침을 얻을 수 있었다. 개인적으로 사회복지학자인 역자가 융합연구에 보다 더 익숙할 수 있었던 데는, 사회복지학의 기본 관점이 생물심리사회적 접근(Bio-Psycho-Social Perspective)에 뿌리를 두고 있으며, 사회복지학의 목표가 사회문제의 해결에서 출발하기 때문이 아니었나 생각한다. 여러 융합연구의 기회들을 통해 배운 교훈이라면, 성공적 융합연구를 위해서는 다양한 전공의 학자들이 공유하는 **분명한 목적**, 자유로운 교환에 대한 **개방성**, 다른 학문과 다른 관점에 대한 **존중**, 경쟁과 이기심이 아닌 협력과 소통, 갈등해결의 **팀워크**, 다양한 관점을 아우르고 조정할 수 있는 **리더십** 등이 필요하다는 것이었다. 그런데 그러한 과정 속에서, 융합연구의 가치적인 요소뿐만 아니라, 보다 구체적이고 실제적으로 융합연구를 증진시키는 방법에 대한 지식과 훈련이 필요하다는 것을 절실히 느끼곤 하였다.

　융합연구에 대한 서적이 이미 다수 출판되었음에도 불구하고,

대부분은 융합연구의 철학적 및 이론적 측면을 다루고 있으며, 보다 더 구체적인 각론을 다루는 융합연구 관련 서적은 드물다. 이러한 점에서, 보건복지 분야의 여러 융합연구의 경험을 바탕으로, 보다 구체적인 방법론을 정리하는 책을 저술하기 위해 오랜 시간 동안 융합연구 관련 자료를 방대하게 수집하던 중, 구체적인 방법론을 담고 있는 패트리샤 리비 교수의 *Essentials of Transdisciplinary Research*를 접하게 되었다. 융합연구에 대해 간략하게 설명하는 내용이면서도 융합연구의 본질을 선명하게 제시하고, 문제중심형 융합연구의 방법론을 구체적으로 설명하는 이 책을 읽으며, 새로운 책의 저술에 앞서, 국내에 본서를 소개하는 것이 융합연구에 관심 있는 많은 분들을 위해 훨씬 더 도움이 되리라는 생각을 하게 되었다. 융합연구에 대한 총론이 많은 학자들에 의해 다루어진 바탕 위에서, 구체적인 방법론 측면에서 어떻게 융합연구를 진행하며 특히 문제해결형 융합연구를 어떻게 진행할 것인가를 이 책처럼 간결하며 선명하게 설명하는 책은 드물다는 것이 본 역자의 판단이다.

패트리샤 리비 교수는, 뛰어난 작가이자 학자로서, 특히 융합연구, 질적연구, 예술기반 연구 등의 분야에서 권위를 가지고 있다. 대부분의 융합연구 관련저서가 이론에 초점을 맞추는 반면, 본 저서는 매우 실용적이며 핵심적인 필수요소를 다루고 있다. 1장에서 초학제성의 개념과 정의 및 역사성을 다루고, 2장에서는 초학제적 연구의 맥락과 환경적 요소를, 3장에서는 이슈 및 문제 중심적 융합연구의 설계를, 4장에서는 지역사회 기반 연구를, 5장에서는 예술 기반 연구를, 6장에서는 초학제적 연구의 평가 전략과 미래를 살펴보면서, 초학제간 연구, 특히 문제중심형 융합연구의 본질을 구체적으로 설명하고 있다. 본 서적은 융합연구에 처음 관심을 가지는 분들로부터 융합연구의 구체적 방법을 더욱 심도 있게 이해하고자 하는 분들에 이르기까지, 다양한 독자에게 새로운 아이디어를 제공할 수 있을 것이라 생각한다. 지은이의 훌륭한 의도가 충분히 전해지지 않는다면 그것은 전적으로 옮긴이의 부족함으로 인한 것임을 밝혀두며, 번역작업이 출판으로 완성되도록 도와주신 모든 분들에게 감사의 마음을 전한다.

융합연구의 "대세"가 영원하리라고는 생각치 않는다. 언젠가 다시 학문세계의 싸이클은, 초학제간으로 재구성된 통합적 학문의 한계에 봉착하게 될 것이며, 그때는 다시 통합적 접근보다는 단일 학제의 전문성에 대한 필요성이 다시 강조되는 회귀가 있을 수도 있을 것이다. 더 많은 지식을 추구하고자 하는 인간의 목표를 전제한다면, 분야를 아우르는 융합적 접근과, 특정 분야에 깊이 파고드는 단학제적 접근의 싸이클이 반복되는 것이 당연한 일이리라. 그러나 우리가 현재 통과하고 있는 이 시대에서는 초학제간 융합연구의 중요성과 필요성이 지속되리라 전망한다. 우리 사회가 단순히 한 가지 도구로 못을 박는 문제만 가지고 있는 것이 아니라, 여러 가지 다양한 도구들을 함께 사용해야 하는 문제들에 직면하는 동안은 계속.

지금은 "초학제적 융합연구"의 시대이다.

2015년 8월
연세대학교 아펜젤러관에서
송 인 한

서 문

어떤 아이디어에 몰두하면 그것이 어디에나 표현되어 있는 것을 발견하게
되고, 심지어는 그 냄새를 맡을 수도 있다.

- 토마스 만

최근에 나는 딸아이와 함께 '라스트 에어벤더' The Last Airbender 라
는 영화를 보았다. 아이는 영화의 원작을 아주 좋아해서 이 영화를
꼭 보고 싶어했고, 나는 짭짤한 팝콘을 먹으면서 아이와 함께 시간을
보낸다는 것 외에는 별 기대가 없었다. 하지만 놀랍게도 나는 초반부
터 완전히 영화에 매료되었다. 스토리는 4개 제국이 전쟁에 휩쓸리
는 판타지 세계를 배경으로 하는데, 이들 제국은 자연의 네 원소 중
각각 하나를 대표하는 불의 제국, 물의 부족, 공기의 유목민, 그리고
흙의 왕국이다. 탐욕과 분열, 권력욕(그리고 두려움)으로 인해 불의 제국
은 어떠한 대가를 치르고라도 다른 제국들을 정벌하고자 한다. 불의
제국은 다음 아바타가 공기의 유목민에서 나올 것임을 알고는 공기

의 유목민들을 전멸시킨다. 아바타는 네 원소를 모두 다룰 줄 아는 존재로, 한 제국이 다른 제국을 지배하는 것을 막을 수 있다. 불의 제국이 자행한 무자비한 공격 속에서 공기의 유목민 중 한 명이 말 그대로 멈춰진 시간 속에 남겨지는데, 그가 유일하게 살아남은 에어벤더이자 아바타이다. 이 서사적 스토리에서는 네 원소들 간에 균형이 잡혀야 평화가 이루어지고, 그 균형을 회복할 수 있는 유일한 희망은 네 원소의 집합적인 힘을 다룰 수 있는 아바타이다.

영화가 끝나자 아이는 의자에서 일어나 팔짝팔짝 뛰면서 "영화 정말 재미있다! 엄마는 어땠어요?"라고 물었다.

나는 "엄마도 정말 재미있게 봤어! 내가 지금 쓰고 있는 책이랑 어쩌면 이렇게 똑같지? 내가 책에서 말하고 싶은 게 바로 이거야."라고 답했다.

라스트 에어벤더의 스토리는 여러 면에서 우리 학계를 닮았다. 우리는 모두 중요하고 도움이 되는 일을 하고자 학계에 들어왔다. 우리는 세상을 바꾸고, 미지의 지식을 찾아내고, 중요한 문제들에 대한 해결책을 찾고자 했다. 하지만 연구자로서의 삶은 때로 우리의 이상과 현실 간의 간극을 넓혀 놓는다. 학계의 구조를 보면, 사회과학은 이 건물로, 자연과학은 저 건물로, 컴퓨터공학은 다른 건물로, 인문학은 또 다른 건물로 보내진다. 거기서 다시 사회학자, 심리학자, 인류학자, 정치학자 등으로 나뉜다. 그런 다음, 패러다임의 차이 등을 이유로 학과 안에서 다시 쪼개진다. 종신직 임용에 대한 압박과 "논문을 써야 살아남는다"는 만트라* 앞에서 연구자들은 (의도하지 않더라도) 프로젝트와 연구법, 출판 관행 등을 통해 학제간의 벽을 높인다. 이

---

* 역자 주: 만트라 −기도·명상 때 외는 주문.

런 상황에서는 정신없이 바쁘기만 하고, "큰 틀"에서 보면 사실상 얻는 것이 거의 없다. 또 우리가 계속해서 재생산하는 학제간 경계를 정당화하고, 스스로의 중요성을 입증하기 위해 자신의 영역에 대해 권위적인 주장으로 울타리를 치기 쉽다. 다시 말해, 불의 제국이 어떻게 혼자서도 잘 살아남을 수 있다고 생각하다가 결국은 주위로부터 단절되고 그처럼 거만해졌는지를 쉽게 볼 수 있다.

라스트 에어벤더가 전하는 메시지는 분명하다. 우리 공동체들은 각기 다른 강점과 역량을 지녔으며, 서로 조화롭게 시너지를 내는 방식으로 협력해야 한다. 세계의 균형을 유지하려면 불과 물, 흙, 공기의 네 원소가 모두 필요하다. 이 원소들은 대립이 아닌 상호보완적으로 사용될 때만 인간을 이롭게 할 수 있다. 우리 연구공동체와 학제들도 마찬가지다. 인류는 폭력과 지속가능성, 보건, 복지 등 매우 현실적이고도 중대한 문제들에 직면해 있으며, 이러한 문제들은 한 학제에만 국한되어 있지 않다. 학계가 진지하게 우리 시대의 중요한 문제들을 탐색하고자 한다면, 이를 위해 우리가 가진 자원들을 한데 모아야 한다. 그 길이 바로 초학제성에 있다.

초학제성 transdisciplinarity 이란 무엇인가?

초학제성은 두 개 이상의 학제가 시너지적으로 협력하면서 서로의 지식을 높은 수준으로 통합시키는 사회연구의 한 방법이다. 초학제적 연구는 문제 중심적이며, 개별 학제에 국한되는 이론이나 방법을 넘어서 이슈 또는 문제를 연구의 중심에 놓는다. 초학제적 연구는 (공적) 요구/필요에 반응한다. 방법론적으로 볼 때, 초학제적 연구는 반응적 또는 반복적 방법론을 따르며 혁신과 창의성, 유연성을 요구하고 참여적 연구 설계 전략을 채택하는 경우가 많다. 초학제성은 공적 학문public scholarship을 크게 증진시킬 잠재성을 갖고 있다.

이 책의 목표

　　이 책의 목표는 세 가지다. 첫째, 나는 현재 학계가 초학제성을 향해 나아가고 있는 모습을 보여주고자 한다. '초학제적 연구'라고 명명만 하지 않았을 뿐, 다양한 분야의 연구자들이 수십 년간 초학제적 연구를 수행해왔다. 또 학부생과 대학원생 모두 현대사회에서 효과적인 시민과 노동자가 되기 위해 분석적, 비판적, 개념적, 통합적인 방식으로 사고할 것을 요구받고 있다. 따라서 현재 진행되고 있는 초학제적 활동들을 한데 모아 명명하는 일이 중요하다. 둘째, 연구에 대한 초학제적 접근법을 증진하는 것이 얼마나 중요한가를 보여주고자 한다. 초학제적 연구의 기저에는 사회정의 또는 윤리적 강령이 흐르고 있는데, 나는 이 책을 통해 그것을 보여주고자 한다. 따라서 초학제적 연구의 중요성과 유용성을 입증하고자 한다. 초학제성이 당대의 모든 문제들에 대한 해결책이라거나 모든 연구 프로젝트에 적합한 방법이라고 주장하는 것은 아니다. 그러나 당대의 많은 문제들에 효과적으로 대응하기 위해서는 초학제적 접근법이 필요하다고 믿는다. 마지막으로, 연구 설계를 통한 입문적 정보를 제공함으로써 초학제적 연구 프로젝트를 설계하고자 하는 학생과 연구자들에게 도움을 주고자 한다. 지난 20여 년간 초학제적 연구로의 전환을 다룬 중요한 책들이 여러 권 출판되었으나, 연구설계전략의 모델링에 관한 책은 별로 없었다. 그래서 이 책을 통해 나는 초학제적 프로젝트의 설계 방법을 제안하고, 초학제성이 활발하게 이루어지고 있는 방법론적 장르들을 사례로 보여줄 것이다.

책의 구성

1장에서는 지식 생산의 네 가지 방법, 즉 학제적disciplinary, 다학제적multi-disciplinary, 간학제적interdisciplinary, 초학제적transdisciplinary 접근법을 통합적으로 검토한다. 또 학제적 훈련과 초학제적 접근법 간의 관계에 대해 논의한다.

2장에서는 보다 큰 맥락에서 초학제적 연구관행의 출현을 살펴보고, 학계 안팎에서 일어나고 있는 중요한 변화에 주목한다. 이를 위해 비판 이론과 비판적 지역연구의 발전 등 사회정의운동이 연구관행에 끼친 영향을 살펴볼 것이다. 또 세계화나 기술적 변화가 연구관행에 끼친 영향에 대해서도 논의할 것이다.

3장은 초학제적 연구 설계의 주요 특징에 초점을 맞춰, 문제 중심적인 방법론적 전략을 개발하는 데 필요한 연구 설계의 특징들을 검토한다. 이를 위해 연구 설계, 데이터 수집, 분석과 해석, 발표와 전달 측면을 살펴볼 것이다. 3장에서는 또 단독 연구자, 다학제적 연구팀의 일원, 또는 학계 밖의 이해관계자들이 참여하는 협력적 연구의 일원으로서 초학제적 연구 프로젝트를 구축하는 방법에 대해 설명한다.

4장은 지역사회 기반 연구community-based research, 5장은 예술 기반 연구arts-based research에 대한 초학제적 접근법을 살펴본다. 4장과 5장은 이러한 연구 장르의 주요한 원칙들, 장르 내에서의 연구가 갖는 장점, 연구설계의 주요 특징, 공공정책 개발의 잠재성을 다룬다. 4장에서는 또 초학제적 연구협력을 검토하고, 5장에서는 일반인들의 참여를 증진하는 수단으로서 대중공연을 이용하는 연구 접근법에 초점을 맞출 것이다.

마지막으로 6장에서는 초학제적 연구와 관련한 평가 원칙들을 살펴보고, 연구 결과의 신뢰성을 높이는 전략들을 검토한다. 이 장은 학계의 발전방향에 대한 논의로 마무리하는데, 이를 위해 나는 학자적 삶의 구조와 특히 종신직Tenure 제도, 승진 구조, 출판, 연구기금 문제를 분석할 것이다.

이 책의 한계를 명확히 이해하는 것도 중요하다. 이제 막 태동하여 여기저기 분산되어 있는 주제에 관한 책을 쓰는 일은 쉽지 않다. 한 권의 책으로 그 모든 것을 다루기란 불가능하다. 그래서 많은 선택을 해야 했는데 여기에 동의하는 사람도 있고 반대하는 사람도 있을 것이다. 예를 들어, 하제성에서 다하제성, 간학제성, 초학제성으로 이어지는 연속성을 제대로 다루려면 책 한 권이 필요할 것이다. 그래서 어떤 사상가와 이론을 포함시킬 것인지를 결정해야 했는데, 하나를 포함시킬 때마다 빠지는 것이 더 많다는 사실을 알게 되었다. 그러나 이 책의 일차적인 목표가 연구 설계에 대한 모델을 제공하는 것이고, 내가 볼 때 기존 문헌에서 가장 부족한 부분이기 때문에 다른 중요한 사안들에 대한 논의는 통합시켜야 했다. 그래서 또 어떤 연구 장르를 포함시킬 것인가를 결정해야 했다. 여러 장르들 중에서 하필 예술 기반 연구를 포함시킨 내 결정에 동의하지 않는 사람들도 분명히 있을 것이다. 물론 내가 이 분야에 있기 때문에, 가장 깊이 연관되어 있는 장르들을 포함시켰다. 그러나 재차 말하지만 이 책에 포함시킨 연구 방법과 전략, 장르들은 독자들이 다른 연구 장르 안에서 일할 때 관련 문제들을 생각해보도록 도와주는 예시로써 제시한 것뿐이다. "아이디어는 기다리지 않는다. 행동을 해야 한다"(알프레드 노스 화이트헤드Alfred North Whitehead). 이 책이 그 목표를 향해 한 걸음 다가가길 바란다.

감사의 말

이 책을 쓰는데 많은 분들이 도움을 주셨다. 먼저, 누구보다 유능한 출판인인 미치 앨런 대표께 진심으로 감사를 드린다. 그의 뛰어난 안목과 혁신에 대한 의지가 이 책을 가능케 했다. 후원과 지도를 아끼지 않으신 잰 모스 씨께도 감사드린다. 레프트 코스트 출판사 직원들, 특히 편집을 맡으신 마이클 제닝스와 디자인을 담당하신 한나 제닝스, 그리고 내가 생각을 보다 구체화하도록 훌륭한 피드백을 제공해준 여러 검토자들께 감사드린다. 다음으로, 이 책을 쓰기 위해 내가 참조한 모든 책들의 저자들께 진심으로 고마움을 표한다. 그 분들이야말로 진정한 선구자이자 나의 스승들이다. 여름학기 연구기금을 통해 원고 집필을 지원해준 스톤힐대학Stonehill College에도 감사를 전하고 싶다. 케이티 콘보이 교무처장님과 조 파바자 학장님께 특별한 감사를 드린다. 색인 작업을 해주신 벳시 딘과 나의 유능한 연구조교인 쉐일런 로웰께 감사를 드린다. 그녀의 도움이 없었다면 이 책은 아주 뒤죽박죽이었을 것이다. 언제나 사랑과 웃음을 선사해주는 가족들에게도 특별한 감사를 전한다. 흔들림 없이 나를 지지해주는 남편 마크 로빈스와 언제나 낙관적인 딸 매들린은 세상에서 내가 가장 사랑하는 사람들이다. 마지막으로, 나의 가장 훌륭한 스승인 내 학생들에게 이 책을 바친다. 특히 연구를 도와주고 내게 지지와 영감, 우정을 보여준 미건 스타이먼과 로렌 사디에게 감사를 표한다. 여러분이 바로 우리 학계의 미래이다!

지금까지 내가 가르친 모든 학생들
그리고 내 인생의 특별한 두 사람,
미건 스타이먼과 로렌 사디에게
이 책을 바칩니다.

차　례

제 1 장

초학제성Transdiscipinarity:
학제적 지식 구축에서 초제학적 지식 구축으로

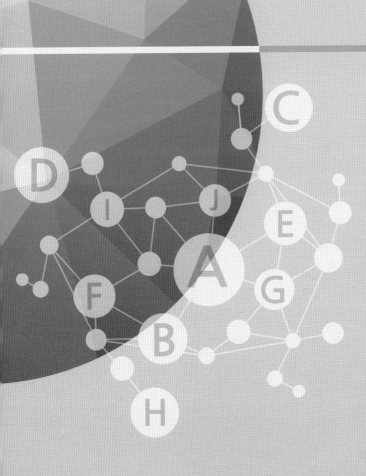

제 1 장 | 초학제성Transdiscipinarity:

학제적 지식 구축에서 초제학적 지식 구축으로

학제discipline는, 국가와 마찬가지로, 제한적인 이성을 지닌 인간이 자신이
갖고 있는 목표들의 구조를 단순화시킬 수 있도록 도와주는 필요악이다. 그
러나 파벌주의는 어디에나 있고, 세상은 국가와 학제를 넘나들면서 한 곳에서
다른 곳으로 새로운 지식을 운반하는 여행자들을 필요로 한다.

- 노벨상 수상자, 허버트 사이먼(1992, 269)

국제 학술계는 초학제적 연구로 대변되는 새로운 시대에 진입했
다. 초학제적 관점과 혁신이 누적되어 새로운 패러다임이 출현했다.
지난 수십 년간 초학제성transdisciplinarity은 의학/보건 연구, 환경 연구,
지속성 연구, 교육 연구, 정책 연구, 사회 연구에서 빠르게 성장했다.
이 책은 일반적으로 사회과학, 교육학, 보건학에서 유래하는 사회연
구 질문들과 관련하여 초학제성을 다룰 것이다.

앞으로 계속 언급하겠지만, 학문이 발달하던 초기에는 우리가
지난 세기에 목격한 관행들보다 훨씬 더 초학제적으로 연구가 이루

어졌다. 수학과 시, 천문학과 신화, 과학과 수사학이 연계된 초창기
에는 아이디어의 생성을 중시한 결과, 총체적 접근을 통해 지식을 구
축하는 관행이 발전했다. 오늘날과 같은 학제는 아이디어의 증진보
다는 대학을 조직하는 수단으로써 구성된 것이다. 흥미롭게도, 연구
기관의 학제화로 인해 학부와 대학원생들이 최소 하나의 학문 분야
를 전공하도록 요구 받는 상황에서 대부분의 대학들은 초기 그리스
나 르네상스 학문과 같이 학문 발달 초기의 총체론적holistic "사상가
들"을 집중적으로 다루는 강의들을 필수 이수과목으로 지정하고 있
다. 나도 그런 강의들을 몇 개 들어야 했다. 근대의 학문기관은 학제
적 경계의 생성과 유지에 기반하고 있다. 따라서 최근에 목격되는 초
학제적 접근법의 성장은 사회연구를 고안하여 시행하는 방법이 변화
하고 있음을 의미한다. 학제간 경계를 넘어서 정보와 연구 도구들을
깊이 공유하고 새로운 개념적 틀을 발전시키는 일은 학계의 발전에
있어서, 다음과 같은 세 가지 측면에서 중요한 의미를 갖는다.

첫째, 연구자들이 자신이 속한 학과의 도구들만 가지고 연구해
야 하는 제약으로부터 벗어났으며, 그로 인해 사회연구가 크게 확대
되었다. 둘째, 더 많은 도구와 자원을 활용하게 되면서 보다 다양한
관점에서 연구 질문들이 나오게 되었다. 실증적 다양성의 증가로 인
해 또 이론적 발전과 이론적 가능성의 실현이 증진되었다. 마지막으
로, 그러나 가장 중요하게는, 초학제성으로 인해 오랫동안 형성 및
유지되어온 학제적 경계의 기반이 무너지고 있다. 이로써 연구를 평
가하는 과학적 범주와 연구 도구들을 재평가하는 작업들이 진행되었
다. 동시에, 학제적 경계가 변화하면서 새로운 연구 협력을 통해 새
로운 질문들이 나오고 그러한 질문들에 대한 답을 찾기 위해 새로운
혼합적인 연구 도구들이 출현했다. 이러한 요소들은 초학제적 연구

관행의 발전을 가져왔다.

초학제성은 사회연구를 수행하는 한 방법이다. 초학제적 연구는 이슈/문제 중심적인 접근법으로써, 개별 학과의 이론이나 방법보다 이슈/문제를 연구의 중심에 놓고 생각하는 것이다. 초학제적 연구는 (대중적) 요구/필요에 응답하며, 학제적 경계를 초월하여 완전히 새로운 연구의 길을 개척한다. 초학제성은 지식을 구축하는 새로운 관행을 만들어낸다.

더 나아가, 초학제적 연구는 학제적, 지리적 경계를 넘어선 협력과 동맹을 강화한다. 학제간 접목과 더불어 서로 다른 국가적 관점들을 융합하는 일은 학술연구가 세계화된 세상에 참여하기 위한 필수요소이다. 그러한 측면에서 볼 때 초학제적 실천은 날로 성장하고 있는 초학제적 연구 공동체를 구축해왔다고 할 수 있다. 초학제적 연구는 또 공적 학문을 확장하고 공적 요구/필요에 부응하는 연구 관행을 증진한다.

모든 학제는 관련 영역 내에서 연구하는 사회적 현실에 대해 고유한 그러나 제한적인 관점을 제공한다. 학제화된 훈련과정을 통해 이러한 관점들을 배양하고, 그런 다음 자신의 울타리 안에서만 독점적으로 연구하는 관행에서 연구자들이 해방될 때, 우리 학계는 날로 변화하는 세상을 이해하고 거기에 참여하고자 하는 목표에 그 어느 때보다 빨리 도달할 수 있다. 그 함의는 이론적이면서도 방법론적이다. 실로 흥미진진한 시기인 것이다.

연속체: 학제성, 다학제성, 간학제성 그리고 초학제성

주요한 연구적 접근법들과 각 접근법이 학제들 간의 상호작용(때로는 통합)을 증진하는 정도를 검토하기 전에(Flinterman, Teclemariam-Mesbach, Broerse & Bunders 2001), 이러한 접근법들 중 어느 것도 본질적으로 좋거나 나쁜 것은 없다는 사실을 유념할 필요가 있다. 연구 주제와 목적, 질문이 다르면 방법도 달라진다. 어떤 상황에서는 학제적 접근법이 필요하고 또 어떤 상황에서는 초학제적 접근법이 더 나은 성과를 낼 수 있다. 중요한 것은 우리 학계가 이처럼 다른 접근법들을 모두 포용하여, 연구자들이 다룰 수 있는 주제와 질문들을 확장시키는 것이다. 이 책의 목표는 초학제적 접근법들을 검토하는 것이기 때문에 나는 학제적disciplinary, 다학제적multi-disciplinary, 간학제적interdisciplinary, 초학제적transdisciplinary 접근법들을 비교하고, 이들을 연속선상에 배열하여 이들의 차이와 한계를 보여주고자 한다. 이 장에서 나는 이들 각각의 접근법들이 특정 주제를 다루는 방법상의 차이를 보여주기 위해 학교폭력 문제를 예로 들 것이다. 학교폭력을 선택한 이유는 사회과학과 행동과학, 교육학, 인문학 전반에 걸쳐 연구자들의 공통된 관심영역이기 때문이다. 궁극적으로 나는 초학제성의 장점과 유용성에 초점을 맞추겠지만, 그렇다고 해서 다른 접근법에 따라 수행된 연구의 중요성을 평가절하하는 것은 아니다. 또 필요에 따라 일반화를 할 때는 모든 연구 프로젝트에 들어맞지는 않는 주장을 하게 될 수도 있다. 링컨Lincoln과 구바Guba가 말한 것처럼 "일반화의 문제는 그것이 각론에는 적용되지 않는다는 점이다"(2000, 27).

학 제 성

역사적으로 볼 때, 지식은 학제(또는 단일 학제) 안에서 생산되어왔다. 학제는 아직까지도 지식이 생성되는 가장 보편적인 장소이다. 학제가 작용하는 방식에 대해 생각할 때는 "학제적 코드disciplinary code" (Steinmetz 2007)라는 용어가 유용한데 학제가 지식을 생산하고 평가하고 전달하는 의례화된 또는 코드화된 방식임을 의미하기 때문이다.

간단히 말해서, 학제는 뚜렷한 경계선을 갖고 있는 구체적인 지식 영역이라고 할 수 있다. 학제는 공통된 연구 대상과 질문, 방법론적 도구, 모범 사례들을 갖고 있다(Greckhamer, Koro-Ljungberg, Sebnem & Hayes 2008). 다음은 연구자들이 학교폭력을 연구할 때 학제적 렌즈를 적용하는 방법의 예를 몇 가지 나열한 것이다.

☑ 심리학자가 소규모 연구 프로젝트를 개발하여 특정 상황에서 학교폭력이 피해자에게 미치는 심리적 영향을 조사한다. 인지면접과 같이 심리학에서 흔히 사용되는 이론과 방법을 이용한다.

☑ 사회학자가 소규모 연구 프로젝트를 개발하여 (학교라는 맥락에서 인기를 구성하는 사회적 요소 등) 학교폭력과 또래 문화의 연관성을 조사한다. 민족지나 설문지와 같이 사회학에서 흔히 사용되는 이론과 방법을 이용한다.

학제는 또 대표적인 세계관이나 패러다임을 널리 공유한다(Greckhamer 등 2008; Kuhn 1996). 이는 위의 예에서도 잘 드러난다. 심리학자는 학교폭력 문제를 고려할 때 심리학적 관점을 적용하기 때문에 심리학적 과정이나 결과에 초점을 맞춘다. 반대로, 사회학자는 사회학적 관점을 적용하여 학교폭력이 발생하는 사회적 맥락에 초점을 맞춘다.

물론 어떤 학제들은 여기서 더 나뉘어 (사회학이나 심리학에서의 양적 패러다임과 질적 패러다임과 같이) 여러 개의 경쟁적인 패러다임이 공존하고 때로는 서로 힘겨루기를 한다. 그럼에도 불구하고 각 학제는 연구 방법과 관련하여 공유하는 일단의 가정들을 가지고 있다. 그러한 가정들은

"자연적"이기보다는 해당 학제 내의 사람들에 의해 구성된 것이다. 학제는 학제의 구성원들이 만들어 유지하는 정의들에 의해 생성되고 유지된다(P. Berger, B. Berger & Keller 1973). 그리고 그렇게 해서 "학제적 코드"와 학제적 관점들이 정상화된다.

학제 안의 전문가들은 또 공통된 언어 또는 "학제적 담화discourse"를 개발한다(Greckhamer 등 2008; Klein 1990). 학제성은 고립과 배타성을 초래하는데, 그 한 가지 이유는 다른 학제들과의 공통된 언어가 없어서 소통이 어렵기 때문이다(Austin, Park & Goble 2008). 그러나 학제는 무엇을 어떻게 연구할지만을 규정하는 것이 아니다. 학제는 사실상 연구자들이 활동하는 공동체가 되고, 각 공동체는 자신들만의 고유한 전문가적 기대와 요구를 구축한다. 쉽게 말해, 압력이다. 학제는 연구 활동과 전문가적 발전을 조직하여 전문가적 정체성을 구축함으로써 지금 우리와 같은 유형의 연구자들을 만들어낸다. 일례로, 학제는 어떠한 전문적 활동이 적절하고 (무엇이 출판되고, 무엇이 기금을 지원받으며, 무엇이 종신직을 부여받을지 등) 어떠한 지식이 가치 있게 인정받는지를 결정한다. 따라서 학제는 제도화된 인센티브 안에서 어떤 지식이 생산될지를 결정한다(Greckhamer 등 2008). 그렉헤이머Greckhamer 등이 말한 것처럼 학제는 "지식 생산을 통제하고 표준화한다"(p. 312). 쿤Kuhn(1963)은 학제의 구성원들은 공통된 가정을 바탕으로, 함께 과학적 공동체를 구축하는 전문가들이라고 설명했다. 그는 또 "구성원들은 자신들의 공동체와 소통하고, 기본적인 가정들을 공유하며, 중요한 문제와 기준, 유효하며 신뢰할 수 있는 방법, 좋은 해결책에 대한 예시를 공유한다"고 하였다(Hadorn, Hoffmann-Riem, Biber-Klemm, Grossenbacker- Mansuy, Joye, Pohl, Weismann & Zemp 2008, 27-28에서 인용). 학제의 경계가 뚜렷할수록 학제 안에서 더욱 세분화해야 한다는 압력이 가중되었다. 그 결과, 개인이 연구할 수 있는 것의 범위가 더욱 협소하게 정의되었다. 세분화가 강해질수록 연구자들은 똑같은 직업적 경로를 따랐고, 그래서 학제성은 더욱 제도화되었다. 문제는 과연 다른 길이 있느냐는 것이다.

> 숲 속에 두 갈래 길이 있었네.
> 나는 사람들이 적게 간 길을 택했고
> 그것이 모든 것을 바꿔놓았네.
> (로버트 프로스트, 가지 않은 길, 1920)

많은 학자들은 (간학제적 또는 초학제적 방법과 같이) 여러 다른 학제들을 통합시키는 연구방법이 학제성의 한계를 드러낸다고 말한다(Klein 2004 참조). 협소한 전문가는 오늘날의 사회에서 인류가 직면한 근본적인 문제들을 다룰 수 없다(Klein 2004). 간학제성과 초학제성을 중시하는 연구자들이 지적한 것처럼, 사회문제는 우리의 학제 구조에 맞춰 발전하지 않는다. 미텔스트라스Mittelstrass(1992)는 "오늘날 우리의 학문적 질서에 따라 정의되는 문제는 거의 없다"고 하였다(Pohl & Hadorn 2007 에서 인용). 많은 문제들은 그 성격상 초학제적이고, 따라서 그러한 문제를 다루려는 우리의 시도도 초학제적이어야 한다. 재차 말하지만, 그렇다고 해서 우리의 학제적 훈련을 포기해야 한다는 의미는 아니다.

다학제성과 간학제성

다학제성과 간(그리고 초)학제성은 바로 이 순서대로 학제 간의 상호작용과 통합이 증가하는 일련의 스펙트럼 상에 존재한다. 뉴웰

Newell(2000)은 학제 간 상호작용의 수준을 다양하게 보여주는 연속체에 대해 다음과 같은 모델을 제시하는데, 학제적 상호작용의 수준이 가장 낮은 것(다학제성)부터 시작한다.

- 협력cooperate (각 학문이 동일 선상에서의 참여함)
- 인정appreciate (각 학문이 서로의 관점을 이해함)
- 해체dismantle (각 학문이 서로의 가정을 드러내고 논쟁함)
- 재구성reconstruct (각 학문이 포괄적인 개념을 개발하기 위해 함께 협력함)
- 수정modify (각 학문이 협력을 위해 시간지평적time-horizon 가정 또는 방법을 수정함)
- 변형transform (각 학문이 기존의 상태로 돌아갈 수 없을 정도로 바뀜)

다학제성

다학제적 접근법은 하나의 연구 프로젝트에 대해 둘 이상의 학제가 협력하되, 각 학제가 자신의 가정과 가치, 방법을 유지하는 것이다. 다시 말해, 각 학제는 협력과정에서 각자의 자율성을 유지한다 (Wickson, Carew & Russell 2006). 다학제적 협력에서는 한 프로젝트 내에서 서로 다른 학제들이 "공존"하면서, 학제간 경계가 그대로 남아 있다 (Johnson 2001, 270). 학교폭력의 예를 다시 들어서 설명하자면 다음과 같다.

> ☑ 심리학자와 사회학자가 서로 협력하여 학교폭력에 관한 연구를 수행한다. 각 연구자는 각각 자신의 의제와 연구 프로토콜을 작성하고, 최소한도의 협력을 진행한다. 예를 들어, 심리학자는 인지면접 프로토콜을 이용하여 학교폭력이 피해자에게 미치는 영향을 조사한다. 사회학자는 학령기 아동들과 심층면접을 실시하여 학교폭력이 발생하는 또래문화를 연구한다. 두 연구자는 공동저술 논문에서 각자 자신의 연구 결과를 기술하거나, 각자 자신의 학제 안에서 단독으로 논문을 쓴다.

오스틴Austin 등(2008)은 다학제적 접근법을 "여러 학제의 대표자들이 자기 영역에 속한 특정한 지식과 방법을 제공하는 것"이라고 정의한다(p. 557). 마찬가지로, 러셀Russell과 윅슨Wickson, 케어루Carew(2008)는 "특정 학제에 속한 전문가들이 자신의 학제적 접근법과 관점을 유지한 상태에서 서로 협력한다"라고 했다(p. 460). 다학제성에 관한 다른 정의들은 이러한 접근법에 내재된 한계들을 지적한다. 일례로, 플린터만Flinterman 등(2001)은 이렇게 설명했다. "개념과 인식론, 방법론 등의 통합없이 하나의 연구 프로그램에서 여러 학제들이 협력할 때 … 학제 간 통합의 정도는 연구 결과의 연결만으로 제한된다"(p. 257). 여기서 "연결"이라는 단어가 중요한데, 연구 결과들이 서로 "더해져서" 하나의 연구 결과가 다른 결과를 "증가시키는" 상황을 내포하기 때문이다. 이와 관련하여 맥도넬McDonell(2000)은 다학제적 프로젝트에서는 연구자들이 "연합적인" 관계를 맺고, 각 연구자가 다른 사람들의 연구 결과에 자신의 결과를 "더하는" 것이라고 설명한다(p. 27). 다수의 학자들은 다학제적 연구에서는 각각의 학제가 "자신의 울타리 안에 머물러 있고" 따라서 결과물에서 "시너지"가 결여되어 있기 때문에 학제 간의 "타가수정cross-fertilization"이 없다는 점이 주요한 한계라고 지적한다(Bruce, Lyall, Tait & Williams 2004; Hardon 등 2008 참조). (곧 언급하겠지만 시너지는 다른 모든 지식 생성 모델로부터 초학제성을 차별화시키는 핵심 요소이다.) 다학제적 협력에서는 시너지가 없기 때문에, 그러한 연구의 결과가 부분의 합보다 크지 않다는 주장이 당연해 보인다(McMichael 2000).

다학제적 협력을 유도하는 연구 주제의 유형도 마찬가지다. 다학제적 연구 프로젝트에서는 각 학제의 방법론이 그대로 유지되기 때문에, 각 학제에 속한 주제를 연구할 뿐(Wickson 등 2006) 완전히 새로운 질문을 제기하도록 자극하지는 않는다. 그러한 점에서 다학제적 접근법은 전통적인 연구 질문들에 대해 약간 더 넓은 관점 또는 다관점적인multi-perspectival 견해를 제공할 뿐이다.

간학제성

간학제적 접근법 역시 두 개 이상의 학제가 협력하는 것이다. 일반적으로 간학제적 연구에서는 학제 간의 상호작용 수준이 보다 높은 것으로 이해된다. 그러나 간학제성의 작동방식과 실질적인 상호작용 및 통합의 수준에 대해서는 문헌들 간에 매우 다양한 견해가 존재한다. 여기서 다루지 않는 많은 의견들이 있지만, 간단히 말하자면 간학제적 프로젝트에 참여하는 학제들이 각자의 경계를 유지하는가, 하지 않는가의 문제로 축약된다고 할 수 있다.

몇몇 연구자들은 다학제적 연구와 마찬가지로, 간학제적 연구에서도 학제의 경계가 유지된다고 주장한다(Steinmetz 2007). 그래서 일각에서는 간학제성을 학제들을 "병치시키는 과정"으로 간주하는데 (Cameron & Mengler 2009, 194), 이것은 학제들이 여전히 각자의 자율성을 유지한다는 뜻이다. 메이시니Masini(2000)는 간학제성을 연구 대상에 대한 "수평적 분석"이라고 정의했다.

또 다른 연구자들은 다학제적 연구와 달리 간학제적 접근법은 각 학제들이 지닌 가정에 의문을 제기할 수 있으며, 따라서 협력의 결과로 새로운 가정들이 출현할 수 있다고 본다(Austin 등 2008). 이와 관련하여 오스틴 등은 출현, 즉 "다양한 관점들을 합성함으로써 얻어지는 새로운 개념, 문제 또는 해결책의 출현"을 간학제적 연구의 핵심이라고 보았다(2008, 560). 마찬가지로, 플린터만 등은 "개념, 방법론 또는 인식론이 명시적으로 교환 및 통합됨으로써 상호간에 보강되는 결과를 낳는다"고 설명했다(2001, 257). 맥도넬은 다학제적 연구가 학제 간의 "연합적인" 관계를 바탕으로 하는 반면, 간학제적 연구에서는 그러한 관계가 "관계적"이며 각 학제가 다른 학제들의 일부 가정들을 취하는 형태로 협력이 이루어진다고 주장한다(p. 27). 또 간학제적 연구에서는 학제적 경계를 가로지르는 "공통된 방법론적 접근법"이 생성된다(Wickson 등 2006, 1050). 그러나 간학제성이 교류와 출현을 증진한다고 주장하는 연구자들조차도 각 학제의 경계와 그 주요한 접근법들이 (설령 혼합된다 하더라도) 그대로 유지된다는 점은 부인하지 않을 것이다. 예를 들어, 윅슨 등에 따르면 간학제성에서는 "공통된 프레임워크를 개발하되, 그 안에서 연구 문제의 여러 가지 다른 주제나 측면들을 조사하기 위해 서로 다른 인식론적 접근법들이 사용된다"(2006, 1050). 이 프레임워크 안에서는 한 학제에서 다른 학제로 방법들이 이전될 수 있다(Pohl 등 2007). 다시 학교폭력의 예로 돌아가보자.

☑ 심리학자와 사회학자가 함께 연구 주제에 대한 접근법을 브레인스토밍한다. 상대편 학제의 관련 이론과 방법들을 이해한 다음, 두 사람은 학교폭력에 대한 심리사회적인 방법과 같은 공통된 프레임워크를 개발한다. 그러한 접근법은 학교 안에서의 피해자, 가해자, 동급생(방관자) 간의 역학과 함께 또래 문화 내의 다양한 요소들과 관련한 피해자의 심리적 프로필을 고려한다. 이 프레임워크를 적용하여 연구자들은 (설문지와 면접을 사용하는 등) 혼합된 방법들을 설계하고, 데이터를 수집하고, 공동으로 분석과 해석을 실시하여 논문을 공동저술하거나 개별적으로 논문을 저술한다(이것이 간학제성 중 "가장 좋은" 또는 가장 통합적인 버전일 것이다).

간학제성에 대해서는 다양한 철학적 관점이 있을 뿐 아니라 그 적용도 매우 다양하다. 다시 말해, 상호작용, 통합, 시너지, 출현 등 핵심 사안의 측면에서 간학제적 연구법이 매우 다양하게 나타난다.

이 책의 공간적 제약으로 인해 이 문제를 심층적으로 논의하기는 어렵지만, 간학제성의 정도를 평가할 수 있는 몇 가지 범주를 제시하여 다양한 연구 프로젝트에서 간학제성의 가능성을 평가할 때 유용하게 사용할 수 있도록 하고자 한다. 첫째, "간학제성의 정도"가 적절한가는 주어진 연구 프로젝트의 특수성에 따라 판단해야 한다고 생각한다. 간학제성을 추구하는데 한 가지 방법만 있는 것은 아니라는 점이다.

플린터만 등은 "간학제성의 정도"는 "학제 간의 교류와 통합의 정도 그리고 패러다임의 차이"에 따라 결정된다고 하였다(2001, 257). 교류와 통합의 정도는 평가하기 어려울 수도 있지만, 이 책 전반에서 검토할 것이다. 반면, 패러다임의 차이는 이보다 훨씬 명확하다. 예를 들어, 실증주의적 관점을 중시하는 여러 학제가 하나의 프로젝트에 관여하는 경우에는 그 연구과정을 이끄는 가치와 가정, 방법론들이 도전받고 변화하는 대신 오히려 강화되기 때문에 간학제성이 높다고 보기 어렵다. 이러한 방식이 적합한 프로젝트도 있을 것이다. 여기서 설명하고자 하는 것은 각 협력 유형의 장단점이 아니라 그러한 유형 간의 차이와 간학제성의 "정도"에 대한 것이다. 그렇게 볼 때, 두 연구자가 모두 사회과학 분야에 속해 있고 협력적이지만, 궁극적으로는 사회과학적인 프레임워크를 개발하는 프로젝트라면 간학제성이 높다고 할 수 없다.

니사니Nissani(1995)는 1) 관여한 학제의 수, 2) 관여한 학제들 간의 거리, 3) 학제적 요소들을 혼합했을 때 그 결과의 참신성과 창의성, 4) 통합의 정도, 이렇게 네 가지를 간학제성의 정도를 규정하는 범주로 보았다.

물론 현실에서는 이것이 매우 복잡해진다. 예를 들어, 여러 개의 매우 다양한 학제들이 참여하지만 통합이 거의 없어서 사실상 간학제적이라기보다는 전통적인 다학제적 연구에 가까운 프로젝트가 있을 수 있다. 또 그러한 프로젝트에서는 연구 파트너들이 특정한 학제의 가치와 가정, 방법론을 더 중시할 수도 있다. 그때는 창의성이나 통합이 매우 적을 가능성이 있다. 또, 하나의 세계관(또는 패러다임)이 프로젝트를 지배한다면, 그 프로젝트에 다양한 학제들이 관여하고 있다고 주장하는 것이 무슨 의미가 있겠는가? 어느 연구 협력에나 권력의 문제, 즉 연구과정이나 결과를 주도하는 참가자들의 권력 그리고 학제들과 그들의 패러다임이 갖는 권력이 있다(Austin 등 2008). 이것은 실제 연구 현장에서 간학제성을 "평가"하는 일이 얼마나 복잡한지를 보여주는 한 예에 불과하다. 초학제적 접근법의 지지자들은 네 번째 범주인 통합이 간학제적 연구에서 결여되어 있으며, 통합이 이루어질 때만이 초학제성이 드러난다고 주장한다(Austin 등 2008 참조). 그럼에도 불구하고, 니사니는 간학제적 연구 간에 격차가 크게 나타날 수 있는 사안들을 생각해볼 수 있는 유용한 틀을 제공한다. 무엇이 간학제성을 구성하는지, 그리고 다학제성과의 차이는 무엇인지에 대한 철학적 관점들도 매우 다양하다는 사실은 결코 놀랍지 않다.

연구 주제와 질문을 보면, 연구 대상이 되는 주제들은 다학제적 연구에서처럼 학제 중심적이지 않고 "기존 학제들 사이의 공간을 차지한다"고 할 수 있다(McMichael 2000, 23). 러셀Russell 등은 일반적으로 간학제적 연구는 "학제들 간에 겹치거나 교차하는 영역"에 초점을 맞춘다고 설명한다(2008, 460). (학교폭력이 사회학, 심리학, 사회복지학, 교육학 연구자들의 공통 관심사인 것처럼) 다수의 학제들이 공통적으로 관심을 갖는 주제들이 많기 때문에 다학제성에서와 마찬가지로 간학제적 협력도 본질적으로는 전통적인 연구 질문을 사용하지만, 하나 이상의 관점을 적용한다.

이 책의 목적인 초학제성에 대한 논의로 넘어가기 전에 간학제성과 학제성의 관계는 문헌에서 논쟁이 되는 영역이라는 점을 인식하는 것이 중요한데, 나는 그로 인해 (그 수가 빠르게 증가하고 있는) 초학제성의 지지자들이 출현하는 계기가 되었다고 생각한다. 초학제성을 선도하는 사람들은 간학제적 협력도 학제를 전제로 하기 때문에, 학제적 지식 구조에 도전을 제기하지 않는다고 주장한다(Abbott 2001; Greckhamer 등 2008). 일각에서는 간학제성이 사실상 "학제성을 강화하고 재생산하는" 역할을 한다고 주장한다(Greckhamer 등 2008, 324). 데리다Derrida(1997)는 (학계 내에서 초기에 간학제성에 대한 우려가 있었으나 그럼에도 불구하고) 궁극적으로 간학제성이 학제성을 강화한다고 보았다. 데리다(1997)에 근거하여 그렉헤이머Greckhamer(2008) 등은 간학제성이 학제의 존재를 통해 가능하며, 따라서 간학제성을 가능케 하는 것이, 순수한 형태에서는, 그것을 불가능하게 한다고 설명한다. 몇몇 연구자들은 초학제성이 그러한 역설을 극복하고 학제성을 초월하는 방법이라고 주장한다.

초학제성

다학제성과 간학제성은 학제들 간의 연관성에 대해 생각해 보고 중요한 사안들에 대해 서로 협력하도록 함으로써 학계의 발전에 크게 기여하였으며, 동시에 암묵적으로 학제성의 한계를 드러냈다는 점을 인정할 필요가 있다. 그러나 이 접근법들은 한계가 있고 또 한계에 봉착했다. 일부 연구자들은 다학제적 접근법과 간학제적 접근법이 도움은 되지만(Ismail 2000), 학제적 지식을 통합하고 합성하지는 못한다고 주장한다. 초학제성은 학제적 지식 생산을 넘어서 보다 효과적으로 현실세계의 이슈나 문제들에 대응하기 위해 출현했다. 이와 관련하여 다수의 학자들은 초월과 깊은 수준의 협력이 있을 때(Austin 등 2008; Depres, Brais & Avellan 2004; Flinterman 등 2001; Giri 2002; Klein 2004; Ramadier 2004 참조) 또는 참여적 접근법을 통해(ProClim 1997) 간학제성이 초학제성으로 바뀐다고 설명한다.

"초학제성"이라는 단어의 기원은 1970년대 초반에 열린 간학제성에 대한 첫 국제회의에서 찾을 수 있다(Klein 등 2001). 장 피아제Jean Piaget와 에리히 얀치Erich Jantsch는 각각 초학제성의 이론적 개념화를 선도했다. 초학제화의 개념을 정립한 피아제는 "여러 분야에 걸쳐 사고의 일반적인 구조와 기본 패턴이 성숙하면 체계 또는 구조들에 대한 일반적인 이론이 나올 것"이라고 보았다(Klein 2004, 515). 얀치 역시 초학제성을 처음 주창한 학자 중 한 명으로, 그는 초학제성을 "일반화된 공리론axiomatics과 새로운 인식론적(synepistemic) 패턴을 바탕으로 교육혁신시스템에서 모든 학제와 간학제들이 조율되는 것"이라고 정의했다(Jantsch 1972, 106). 좀더 간단히 말하면, 얀치는 초학제성을 사회 또는 인류의 목적을 달성하기 위한 수단으로 보았으며, "연구, 혁신, 교육이 여러 수준에서 체계적으로 조율"되기를 희망했다(Klein 2004, 515). 초학제성에 대한 정의는 매우 다양하지만, 피아제와 얀치를 따르자면 초학제성은 사회적 목적 또는 인류나 "생활세계"의 목적을 위한 프로젝트에서 다수의 학제를 통합하는 연구 접근법이라고 이해할 수 있다.[1] 또 초학제성이 간학제성에서 발전했거나 간학제성의

1) 알프레드 슈츠Alfred Schutz가 처음 "생활세계life world"라는 단어를 사회학에 도입

한 갈래라는 점도 분명하다(이 점은 2장에서 논의할 것이다)(Austin 등 2008; Depres 등 2004; Flinterman 등 2001; Giri 2002; Klein 2004; Ramadier 2004).

궁극적으로, 초학제성에서는 사회/인류의 문제들을 인위적으로 학제적 관점에 맞추어 협소한 연구 목적으로 쪼개지 않고 총체적으로 조망할 때만이 그것을 제대로 이해하며 해결할 수 있다고 가정한다. 1978년 노벨경제학상 수상자인 허버트 사이몬Herbert Simon은 다음과 같이 이를 잘 설명했다.

> 예산을 이해하려면 의사결정과정 전반을 이해해야 한다 … 인간 사고의 과정을 … 연구할 필요가 있다. 사고를 연구하기 위해서 나는 내 전공분야인 정치학과 경제학을 포기하고, 내게는 완전히 낯선 영역인 심리학과 나중에는 컴퓨터학과 인공지능을 이용해야 했다(1992, 265).

많은 연구자들은 초학제성이 연구 방법이나 연구의 결과가 아니라 연구 절차에 대한 접근법(Lawrence & Depres 2004; Klein 2004) 또는 "새로운 사고방식"(Giri 2002, 103)이라고 설명한다. 미텔스트라스는 초학제적 연구에서 이론적 작업이 나타날 수 있으나, 초학제성은 무엇보다 하나의 "연구 원칙"이라고 단언한다(1996, 329). 초학제성의 정의와 초학제적 연구의 요건에 대해서는 문헌에서 상당한 논란이 있다. 나의 관점을 설명하기 전에 이 용어에 대한 여러 정의들을 소개하겠지만, 모든 정의가 다음 세 가지 이유로 문제가 있다고 생각한다.

첫째, 정의는 언제나 일종의 폐쇄를 의미하기 때문에 나는 연구자들이 자신의 연구에 딱지를 붙이지 말아야 한다고 생각한다. 그것

했다(Hadorn 등 2008). 역사적으로 과학은 "실질적인 세계 또는 생활세계"로부터 분리되어왔다(Hadorn 등 2008, 20).

을 판단하고 유용성을 평가하는 것은 독자들의 몫이다.

둘째, 명시적으로 초학제성을 다룬 문헌들이 소수의 분야와 주제(의학, 환경학/지속가능성)에서 불균일하게 출현했기 때문에 보다 강하게 대변되는 관점들이 있다. 이 책에서 나는 사회과학 출신 연구자의 관점을 취한다.

셋째, 초학제성에 관한 문헌이 상대적으로 최근에 출현하고 있기 때문에 많은 논쟁과 협상이 빠르게 진행되고 있다. 이러한 상황에서는 사람들이 매우 강한 입장을 취하고, 자신의 현재 연구에는 맞지만 모든 상황에 꼭 맞지는 않는 경직된 프레임워크를 구축하는 경향이 있다.

이 모든 것들이 논의를 발전시키는 데 중요한 역할을 하지만, 초학제성에 관심을 갖고 있는 사회과학, 교육학, 보건학 전공자들에게 이 책이 보다 유용하게 사용되도록 하려면, 제한의 가능성이 있는 정의를 제시하는 것보다는 초학제성의 원칙들에만 초점을 맞추는 것이 바람직하다고 생각한다. 물론 독자들이 "무엇이든 허용되는구나"고 생각하지 않을까 우려가 되기도 하지만, 이 책에서 계속 강조하는 것처럼 자신의 연구를 어떻게 명명하건 간에(예. "초학제적") 우리는 여전히 방법론적으로 견실한 프로젝트를 구축할 의무가 있다(연구 설계와 평가 전략에 대해서는 3-6장에서 깊이 있게 다룰 것이다). 그러면 이제 초학제성에 대한 정의와 문헌에서 지속적으로 나타나는 초학제성의 주요 원칙들을 검토할 것이다. 마지막으로, 그렇게 "합의된" 원칙들을 바탕으로 초학제적 연구에 대한 나의 포괄적인 관점을 제시하고자 한다.

초학제성의 정의

문헌에서 초학제성에 대한 관점은 매우 다양하게 나타나며 (본질적으로 분산적이고 새로이 출현하는 연구 접근법에서 예상되듯이) 이 용어를 정의하는 방법에 대해서도 거의 합의가 이루어지지 않았다.

몇몇 학자들은 "현실세계"의 문제를 다루기 위해 여러 학제가 모이는 것을 넘어서 연구자들이 학계 밖의 현장 실천가들이나 다른 이해관계자들과 협력해야 한다고 설명한다(Burger & Kamber 2003; Haberli & Grossenbacher-Mansuy 1998; Klein 2001 참조). 그러한 측면에서 초학제성은 현실세계의 문제에 대응하기 위해 다른 사회집단들의 요구/필요와 학계를 연결시키고자 하는 시도라고 이해할 수 있다(Hadorn 등 2008; Hoffman-Riem, Biber-Klemm, Grossenbacher-Mansuy, Hadorn, Joye, pohl, Wiesmann & Zemp 2008).

일부 학자들은 초학제적 접근법의 일반적 특징들을 바탕으로 초학제성을 정의한다. 일례로, 크림스키Krimsky는 초학제성을 "메타적 질문들을 다루기 위해 학제를 초월하는 것, 문제들을 설명하기 위해 두 개 이상의 학제가 교차하는 것, 하나의 가설을 구축하거나 시험할 때 여러 학제의 방법/테크닉/이론을 혼합하는 것"이라고 설명했다(2000, 111). 물론 연구자들은 이러한 아이디어를 수정하여 자신의 프로젝트에 맞출 수 있다. 예를 들어, 가설을 제시하거나 시험하는 대신(양적 연구에서 더 흔함), 관련된 연구 질문들을 가지고 연구 목적을 구성할 수 있다(질적 연구에서 더 흔함).

많은 연구자들은 초학제성을 보여주는 구체적인 범주를 제안하는데, 폴Pohl과 헤이돈Hadorn의 정의는 다음과 같이 문헌에서 나타나는 여러 모델들을 대변한다.

초학제적 연구는 a) 문제의 복잡성을 이해하고, b) 생활세계의 다양성과 문제의 과학적 인식을 고려하고, c) 관념적인 지식과 구체적인 사례에 기반한 지식을 연결하고, d) 공익을 증진하는 지식과 관행을 개발할 수 있는 방식으로 문제 영역을 다룬다.

헤이돈 등은 초학제성에 대한 문헌을 요약한 결과, "생활세계 문제 중심, 학제적 패러다임의 초월과 통합, 참여적 연구, 학제를 넘어선 지식 통합의 추구"로 네 가지 범주를 제시한다(2008, 29). 헤이돈 등은 처음 두 범주는 폭넓게 합의가 된 반면, 나머지 두 범주에 대해서는 논쟁과 의견 차이가 커지고 있다고 설명했는데 나도 이에 동의한다.

일부 학자들은 이처럼 범주를 설정하려는 시도에 반대하여 초학제성의 원칙을 보다 일반적인 용어로 설명한다. 일례로, 클라인Klein 은 초학제성을 "사고와 행동의 방식"으로써 정의하며(2004, 24), "앎의 방식과 존재의 방식에 대한 의지와 절차"라고 설명한다(2000, 216). 또 "환원reduction을 새로운 상대성 원리로 대체하는 초학제적 비전은 문화와 국가를 초월하며 윤리와 영성, 창의성을 아우른다"고 하였다 (2004, 516).

클라인은 또 초학제성이 "총체적인 비전, 특정한 방법이나 개념 또는 이론, 열린 태도와 협력할 수 있는 역량, 복잡한 문제들을 해결하기 위한 본질적인 전략"으로 정의될 수 있는 유동적인 개념이라고 주장한다(2000, 4).

초학제성이 하나의 비전이라는 클라인의 주장과 마찬가지로, 르로이Leroy는 초학제성이 "민감화시키는sensitizing 개념"이라고 하였다 (Klein 2004). 다른 학자들은 또 초학제성을 "관계relationship 영역"이라고 설명한다(Giri 2002, 106). 초학제적이 되기 위해서는 연구자들이 대립이 아닌 관계적 측면에서 학제들을 보아야 하고, 그렇게 하려면 상호작

용을 증진할 방법을 모색하여 학제들 간에 그러한 관계성을 만들어
내야 하기 때문이다(Giri 2002).

　다른 연구자들은 초학제성이 간학제성을 넘어서는 방식을 설명
함으로써 초학제성의 원칙들을 설명한다. 일례로, 오스틴 등은 다음
과 같이 썼다.

　　초학제적 연구는 협력적 과정이 한 단계 더 나아간 것으로, 흔히 학제를
　　초월한 개념과 용어, 방법이 발전하여 보다 높은 수준의 프레임워크가 구축되
　　고 근본적인 인식론적 변화가 발생하면서 간학제적 연구로부터 자생적으로 나
　　타날 때 이루어진다(Giri 2002; Max-Neef 2005). 이 단계에서는 학제적 지식을
　　공동으로 해석하고(Gibbons 등 1994), 상황을 일관되게 재구성해야 한다(2008,
　　557).

　다른 연구자들은 간학제성과 초학제성의 관계를 달리 설명한다.
디프레스Depres 등은 초학제적 프로젝트에서도 연구집단은 "학제적
교육의 성격으로 인해 언제나 간학제적인 상태로 남아 있는데, 연구
가 초학제적인 것이라면 최종 지식이 그러한 학제적 요소들의 합보
다 크다는 의미"라고 주장했다(Lawrence & Depres 2004, 400). (나는 여기서 연
구집단을 연구자원이라고 부르고자 하는데 연구자원에는 여러 다른 학제의 전문가들이 개입할 수
도 있고 개입하지 않을 수도 있다.)

　학교폭력의 예를 들자면, 초학제적 접근법은 문제 중심적이며,
따라서 관련 학제의 모집과 깊은 협력이 요구된다. 예를 들면, 다음
과 같이 진행될 수 있다.

　　☑ 심리학, 사회학, 교육학 연구자들과 정책 연구자들로 구성된 팀을 결성
　　　하고, 학교 교사, 방과후 교사, 학부모교사모임, 사회복지사, 상담교사

등 학계 밖의 이해관계자들과 협력한다.

☑ 연구팀은 핵심 주제 찾기, 공통된 정의와 개념 구축하기, 어느 한 학제에도 귀속되지 않는 개념적 프레임워크 개발하기 등 연구 의제를 개발하는데 많은 시간을 할애한다. 그런 다음, 해당 주제의 다양한 측면들 -가해자와 피해자 및 또래 방관자들 간의 관계, 가해자와 피해자 및 (교사와 학교 직원 등) 전문적 방관자들 간의 관계, 학교폭력에 대한 교사나 다른 전문가들의 대응/반응에 영향을 끼치는 공공 정책의 역할, 학교폭력을 조장하는 또래문화의 구조, (소셜네트워킹 사이트 등) 사이버문화와 (카메라가 장착된 휴대전화 등) 테크놀로지의 역할, (그룹 스포츠나 게임 등) 구조화된 여가시간 대비 독립적인 "자유시간"이 학교폭력에 끼치는 영향, 계급, 인종, 민족, 종교, 성적 지향의 역할 등- 을 다룰 수 있는 연구 설계를 구성한다.

☑ 그런 다음, 역할분담 계획을 작성한다. 연구를 설계할 때는 (전체 연구팀 내의 하위 그룹 또는 전체 연구팀 등) 그룹이 한 자리에 모여, 1차 결과들을 공유하고 가정과 실천을 재논의하는 데 충분한 시간을 할당한다.

☑ 연구 결과는 여러 이해관계자 집단들에 전달될 수 있도록 다양하고 적절한 형태와 장소에서 발표하여 긍정적인 사회변화를 증진할 수 있도록 한다.

이제 문헌에서 확인된 초학제성의 원칙들에 대한 논의로 넘어가 보자.

초학제성의 원칙들

초학제성을 어떻게 정의하건 간에 초학제적 연구에서는 언제나 어러 모둠의 학제적 지식들이 협력한다(한 프로젝트에 여러 사람이 관여할 수도 있고, 한 연구자가 여러 모둠의 학제적 지식과 도구를 사용할 수도 있다). 초학제성은 하나의 이슈/문제를 연구하는데 총체적이고 시너지적인 접근법을 이용하는 것을 목표로 한다. 더 나아가, 초학제성의 주요 원칙에는 초월, 출현, 합성, 통합, 혁신, 유연성이 포함된다.

초학제성은 학제가 아니라 이슈나 문제에서 시작된다(Krimsky 2000). 전통적으로는 주제 선정과 문제 도출이 연구자의 학제에 근거하지만, 초학제성은 연구자가 속한 학제에 상관없이 연구 문제나 주제 또는 질문을 연구과정의 중심에 놓는다. 연구자의 질문은 "내 학제에서 수용될 수 있는 연구 주제는 무엇인가, 그리고 내 학제는 이 주제를 어떻게 볼 것인가?"에서 "현실세계에서 해결되어야 할 문제는 무엇인가? 어떻게 하면 그러한 문제들을 가장 완전하게 다룰 수 있는가? 이 경우에는 어느 학제적 지식이 유용한가? 나의 학제적 훈련을 어떻게 이용할 수 있는가?"로 바뀐다. 초학제적 접근법은 중요한 주제와 질문들을 다루고, 현실세계의 문제들을 해결하고, 날로 복잡해지는 지구촌의 요구/필요를 규명하여 대응하기 위한 방법으로써 출현했다.

현실세계의 문제에 최대한 전면적으로 대응하기 위해서 초학제적 접근법은 총체적holistic이다(Flinterman 등 2001; Klein 2000; Leavy 2009; Messerli & Messerli 2008 참조). 실제로 일부 연구자들은 지식 생산에 대한 총체적 접근법의 필요성이 대두되면서 거기에 대한 대응으로써 초학제성이 출현했다고 설명한다(Flinterman 등 2001). 초학제적 연구 프로젝트는 문제를 총체적으로 고려하는 것을 목표로 한다. 그래서 연구자들은 총체적인 방식으로 주요 개념 등에 대한 정의를 개발한다. 각기 다른 지식과 연구 도구를 갖고 있으며 각기 다른 훈련을 받은 연구자들(그리고 때로는 현장 실천가들과 지역사회 구성원들)을 한데 모으는 일도 총체적이고 통합적인 방식으로 이루어진다. 또 연구 프로세스 자체에 대한 총체적 접근법이 고려된다. 다시 말해, 반복적인 프로세스를 통해 연

표 1.1 초학제성의 원칙

원 칙	실 천
문제 중심적	연구의 중심에 놓인 문제가 학제적 자원의 이용과 방법론을 결정한다.
총체적 또는 시너지적 접근	통합된 지식을 생산하는 반복적인 연구 프로세스를 통해 총체적으로 문제를 고려한다.
초 월	학제적 관점을 초월한 개념적 프레임워크를 구축하여 연구 문제를 효과적으로 다룬다.
출 현	(학제성을 초월하여) 연구의 중심에 문제를 놓음으로써 새로운 개념적, 방법론적 프레임워크가 출현한다.
혁 신	필요 시 새로운 개념적, 방법론적, 이론적 프레임워크를 구축한다.
유 연 성	반복적인 연구 프로세스는 새로운 아이디어에 대한 열린 태도와 새로운 사고에 적응하고자 하는 의지를 필요로 한다.

구 방법론의 모든 측면들이 서로 연결되고 보완된다(Hesse-Biber & Leavy 2011). (연구 설계에 대해서는 3장에서 보다 자세히 설명할 것이다.) 그리고 이 프로세스의 결과로 통합된 형태의 지식 또는 부분의 합보다 큰 혼합형 지식이 얻어진다(Flinterman 등 2001; Hadorn 등 2008; Horlick-Jones & Sime 2004; Klein 2004; McDonell 2000; Newell 2000; Pohl 등 2007). 플린터만 등은 총체주의 holism와 통합된 지식 생산 간의 관계를 다음과 같이 설명했다.

초학제성은 학제 간 그리고 학제를 넘어선 경계들이 초월되고, 여러 과학적 학제들의 관점 및 지식이 비과학적 관점 및 지식들과 통합되는 특수한 형태의 간학제성으로서 … 초학제적 연구에서는 서로 다른 형태의 지식들이 모여 하나의 통합된 지식이 생산된다(2008, 257).

총체적인 프레임워크와 통합적 지식이라는 측면에서 많은 초학제적 연구자들은 초학제적 접근법이 **시너지적**이라고 설명한다(시너지, 합성 또는 지식의 통일이라고도 한다)(Hadorn 등 2008; Klein 2000, 2004; Lawrence 2004; McMichael 2000; Newell 2000; Nicolescu 1996; Pohl 등 2007).

　초학제성에 관한 문헌에서는 초월transcendence/transgression이라는 용어가 지속적으로 등장한다(Austin 등 2008; Bruce 등 2004; Depres 등 2004; Lawrence 등 2004; Flinterman 등 2001; Giri 2002; Greckhamer 등 2008; Hadorn 등 2008; Hoffmann-riem 등 2007; Horlick-Jones 등 2004; Jantsch 1972; Krimsky 2000; McDonell 2000; McMichael 2000; Newell 2000; Nicolescu 1996; Pohl 등 2007; Russell 등 2008; Steinmetz 2007). 초학제적 접근법은 연구자들로 하여금 학제 중심적으로 지식을 구축하고, 조직하고, 전달하는데 따른 한계를 넘어서도록 돕는다. 초학제성이 학제를 초월하는 이유는 다양한 학제적 관점들에 기반한 정보와 데이터, 이론, 방법론들을 연구과정에 들여와 그것들을 존중하고 혼합하여 다시 학제적 요소로 환원될 수 없는 새로운 어떤 것을 생성하기 때문이다. 이것은 다학제/간학제적 접근법과 초학제적 접근법을 구분 짓는 특징이다. 개별 연구자들이 학제적 훈련의 결과로 습득한 가정과 가치, "렌즈"를 완전히 버릴 수 있다는 것이 아니라, 학제를 초월하는 개념적 프레임워크를 만들어냄으로써 학제들을 뛰어넘을 수 있다는 의미이다(Greckhamer 등 2008).

　초월과 관련하여 또는 초월에 의해 가능해지는 출현emergence이라는 개념 역시 초학제성에서 중요한 원칙이다(Austin 등 2008; Jantsch 1972; Klein 2004; Steinmetz 2007 참조). 맥마이클McMichael은 다음과 같이 "transport"라는 단어에 대한 이야기로 시작하여 접두사 "trans"의 의미를 출현이라는 아이디어와 연결시킨다.

　두 지점 사이의 공간을 가로질러 어떤 것을 이동시키는 과정. 우리는 지금

새로운 경계들에 거주하고 있다. 우리는 새로운 평면으로 이동한다 … 시인들
은 "transports of delight(기쁨에 도취하다)"라고 이야기한다. 우리의 마음, 우
리의 정신은 어떤, 새롭고, 신나고, 로맨틱한 경험의 장으로 이동된다transport.
이동transportation은 새로 출현하는 경험, 새로 출현하는 공간이라는 개념을
포함한다(2000, 204).

출현은 초학제적 연구에서 하나 이상의 측면을 뜻한다. 첫째, 여
러 학제들의 관점과 도구를 한데 모으기 때문에 새로운 연구 접근법
의 출현이 가능해진다. 다시 말해, 연구를 수행하는 개념적, 방법론
적 프레임워크가 구축되는데 이 프레임워크는 새로우며 부분의 합보
다 크다. 둘째, 초학제적 과정이 없었다면 얻지 못했을 그런 새로운
통찰이 얻어질 수 있다. 예기치 않았던 길이 나타날 때, 새로운 통찰
이 얻어질 때, 출현이라는 아이디어는 계획하지 않았던 측면을 보여
준다. 초학제적 연구는 다양한 지식군과 방법론적 도구들을 혼합하
여 연구 주제를 총체적으로 다루고자 하기 때문에 무엇을 발견하게
될 지 예측하기가 어렵다. (2장에서 설명할) 혼종성hybridity 이론을 바탕으
로 일부 연구자들은 초학제성이 "제3의 공간"(Bhabba 1994) 또는 "중간
지대"(Steinmetz 2007)를 만들어낸다고 주장한다. 이러한 공간은 학제적
경계가 교차하고 무너지고 초월될 때만 나타난다(Steinmetz 2007 참조).
브랜다오Brandao(2007)를 참조하여 캐머론Cameron과 멘글러Mengler는 이
를 다음과 같이 설명했다.

초학제성은 경계를 "연결"하기보다는 경계를 넘어서 그 사이의 공간을 정
의한다 … 초학제성은 서로 다른 학제들, 질서와 무질서의 개념, 알려진 것과
알려지지 않은 것, 합리성과 상상, 의식과 무의식, 공식과 비공식 간의 안정적
인 경계선이 없는 시스템이다(2009, 194).

마찬가지로, 디프레스 등(2004)은 초학제성이 학제들 간의 "중재 공간"을 생성하는데, 이 공간에서는 문제의 정의, 인식론적 위치, 개념 선택, 연구 전략의 개발, 연구 방법의 혼합, 이론적 프레임워크의 개발 등 연구의 모든 단계들이 진행된다고 설명한다.

초학제성은 또 혁신을 필요로 한다(Lawrence 2004; Van Manen 2001; Wickson 등 2006). 연구자들은 새로운 개념적 구조, 방법론적 프레임워크, 이론적 프레임워크, 평가 전략들을 구축한다. 이 프로젝트들은 언제나 이슈 또는 문제에서 시작되기 때문에 그러한 요구/필요가 학제적 규범을 초월한다. 이 모든 것은 혁신을 필요로 하며, 혁신은 유연성과 연결된다. 여러 가지 다른 관점, 자료 출처, 방법론적 도구들이 각 프로젝트에서 요구되는 새로운 방식으로 혼합될 때 연구자들은 유연하고, 새로운 아이디어에 열려 있고, 진행상의 필요에 따라 개념적, 방법론적 프레임워크를 수정할 의지가 있어야 한다. 연구 프로세스는 반복적이며, 따라서 프로세스가 진행되는 동안 새로운 통찰이 나타나고 변화를 유도할 수 있다(이것은 3장에서 다시 검토할 것이다).

표 1.2 다학제성, 간학제성, 초학제성의 비교

	학제 간 협력의 수준
다학제성	통합 없이 두 개 이상의 학제들이 협력한다.
간학제성	두 개 이상의 학제들이 협력하는데 개념, 이론, 방법, 결과의 통합성 정도가 매우 다양하다
초학제성	두 개 이상의 학제들이 협력하는데 통합의 수준이 높아서 새로운 개념적, 이론적, 방법론적 프레임워크가 개발된다.

학제성과 초학제성: 애증관계

국제안보를 추구하기 위해서는 각국이 무조건적으로 자국의 행동의 자유,
자주권 중 일부를 내놓아야 한다.

　　　　　　　　　- 알버트 아인슈타인이 지그문트 프로이드에게(1932)

나는 초학제성이라는 아이디어를 접한 많은 사람들이 품는 가장
큰 질문은 다음 두 가지라고 생각한다. 학제와 학제적 훈련은 어떻게
할 것인가? 학제와 초학제성과의 관계는 무엇인가?

학제 구조에 문제를 제기하면 많은 사람들이 두려움과 위협을
느끼는데 그 이유는 간단하다. 월러스타인Wallerstein(2000)은 일례로 사
회과학 분야에서는 학제가 형성된 후 그 경계를 정당화하고 유지해
야 할 필요성이 생겼다고 설명한다(Greckhamer 등 2008 참조). 전문가들은
경계를 설정함으로써 자신들의 정체성과 영역을 구축한다. 하지만
대학의 학과들은 지식구축이 제도화된 결과로써 "아이디어"가 아닌
보상과 자원 분배에 기반한 과정이었음을 기억하는 것이 중요하다.
이 문제는 커뮤니케이션학과의 제도화를 예로 들어 뒤에서 보다 자
세히 설명할 것이며, 승진, 출판, 기금 등 학계의 경력 구조라는 보다
큰 틀을 바탕으로 6장에서 다시 논의할 것이다.

다학제 및 간학제적 접근법은 학제적 지식 생산을 그대로 보존
한다. 반면, 초학제성은 학제성에 대해 인식론적 도전을 제기하고
(Klein 2000, 2004; Newell 2000; Wickson 등 2006), 학제적 지식생산 방법이 지
니는 한계를 드러낸다. 그러나 그럼에도 불구하고 여전히 학제적 지
식 생산에 의존하기도 한다. 다시 말해, 초학제성의 성장이 학제의 포
기를 의미하지 않는다는 것이다.

일각에서는 초학제성이 학제를 무용화시킬 수 있다고 주장하지만 (그리고 앞서 언급한 것처럼 나는 학자들이 초학제성을 자유롭게 여러 각도에서 바라볼 수 있어야 한다고 믿는다) 나를 포함한 대부분의 학자들은 자신의 "홈그라운드"라고 할 수 있는 학제에 뿌리를 두는 것은 초학제적 연구에서 중요한 자산이라고 생각한다. 기리Giri는 "초학제성은 자신의 학제에 정통하게 뿌리를 내리는 역량을 필요로 하고, 초월은 내가 서 있는 곳에서 나를 잘라내는 것이 아니라 나의 지평을 넓히는 것을 의미한다 … 우리가 서 있는 학제들의 저변에는 초학제적인 물줄기가 흐르고 있다"(2000, 108). 클라인(1990)도 이와 비슷하게 초학제성에서 학제는 보다 큰 프레임워크를 구축하는데 "매우 중요한 역할"을 한다고 설명하는데 나도 여기에 동의한다(Greckhamer 등 2008, 313).

나는 초학제적 연구자들이 자신의 학제적 가치와 가정이 "사실"이라는 생각을 버리고 사안을 보는 어떤 한 가지 방법만을 고집하는 대신, 자신의 학제적 렌즈를 정확히 인식하여 다른 관점들과 혼합시킬 것을 제안한다. 그렇게 할 때 우리는 자신의 학제와 다른 학제들로부터 자원을 끌어 모아 당면한 연구 의제들을 보다 잘 탐구할 수 있다. 오늘날의 사회에서 중요한 연구 질문일수록 우리는 가능한 모든 도구를 동원하여 해답을 찾기 위해 노력해야 한다.

이 장의 첫머리에서 나는 초학제적 연구는 문제 중심적이며, 개별 학제에 국한되는 이론이나 방법을 넘어서 이슈 또는 문제를 연구의 중심에 놓는다고 설명했다. 이 기본적인 정의를 보다 상세히 설명하기 위해 나는 초학제성에 대해 포괄적이고 개방적이며 비배타적인 이해로써 다음과 같은 정의를 제안한다. 초학제성은 여러 학제들의 자원과 전문성을 통합하여 현실세계의 문제에 총체적으로 대응하는 사회정의 중심적인 연구 접근법이다. 초학제성은 특정 문제에 관련되는 학제들의 지식을 활용하나 궁극적으로는 학제적 경계를 초월하여 부분의 합으로 환원될 수 없는 시너지적인 개념적, 방법론적 프레임워크를 구축한다. 초학제성은 지식 구축과 전달을 총체적인 과정으로 간주하며, 혁신과 유동성을 필요로 한다.

초학제성 그리고 초학제성과 학제적, 다학제적, 간학제적 접근법 간의 차이에 대한 이해를 바탕으로, 이제 초학제성이 출현하고 그것이 필요하게 된 학계 및 사회적 맥락에 대한 논의로 넘어가고자 한다.

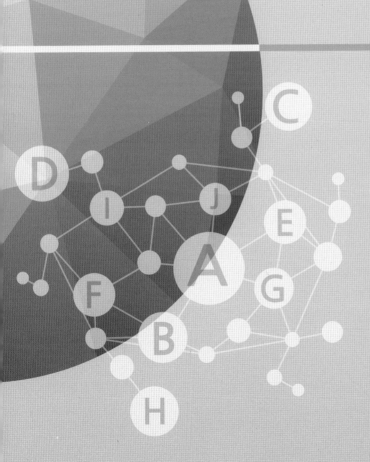

제 2 장

초학제적 연구의 출현:

사회정의운동 이후 그리고 세계화 시대에서의 사회연구

제 2 장 | 초학제적 연구의 출현:

사회정의운동 이후 그리고 세계화 시대에서의 사회연구

> 연구체계는 진세계적인 경제적 경쟁에서 부유국들을 위한 비장의 카드가 되었다.
>
> — 리차드 워딩튼(2007, 476)

초학제적 연구는 학계 안팎의 많은 변화들이 교차하는 환경에서 출현했다. 역사적인 맥락에서 보면 이러한 변화들은 빠르게 일어났다. 그러나 변화가 다양하고 수십 년에 걸쳐 진행되면서 새로운 연구환경이 출현했다. 초학제적 패러다임을 이해하기 위해서는 1) 변화하는 학계의 환경, 2) 변화하는 지구적 맥락, 3) 인류가 현재 직면하고 있는 거대하고 복잡한 문제들의 유형 그리고 이와 관련한 대중의 변화 및 공적 요구/필요의 변화를 고려하는 것이 중요하다. 물론 이러한 맥락들은 (일례로) 학계 내의 변화를 유도하는 보다 큰 환경적 변화들과 중첩되고 교차한다. 그러나 나는 설명상 편의를 위해 학계 내부와 외부의 변화를 구분하는데, 먼저 1960년대와 70년대 사회운동이 비판적 이론의 발전에 끼친 영향을 살펴볼 것이다. 그런 다음, (하이브리드 이론hybrid theory과 비판적 토착 이론critical indigenous theory의 발전 등) 세계화 및 기술발전과 연관된 보다 포괄적인 사안들을 검토할 것이다. 마지막으로는 현재 여러 사회가 직면한 문제 유형들의 변화와 대중-연구 관계의 변화를 고려할 것이다. 이러한 모든 예에서 학계는 진보적이고 효과적인 연구공동체들이 그러한 것처럼 사회역사적 변화들에 대응하고 있다. 그러나 학계의 다수가 새로운 이론적, 방법론적 질문들을 채택하면 이러한 노력의 축적된 효과가 규명되지 않은 채 넘어갈 가능성이 있다. 이 책의 목표는 연구 관행에서의 그러한 큰 변화를 규명하는 것이다.

사회정의운동, 이론적 관점 그리고 비판적 지역연구

여성운동(2기 페미니즘), 시민권운동, 동성애자권리운동 등 1960년대와 70년대의 사회정의운동은 모두 젠더, 인종, 성적 지향 등으로 인해 소외된 집단들을 위한 사회적, 정치적 평등을 추구했다. 본질적으로, 이러한 운동들은 제도적으로 만연해 있는 다양한 불평등을 노출시켰다. 그러한 불평등을 고발하고 소외집단의 목소리에 힘을 실어주고자 한 여러 사회운동들을 통해 미국은 크게 바뀌었으며 학계에서도 장단기적인 변화가 촉발되었다. 여성, 유색인, 성적 소수자, 그 외에 사회연구에서 비가시적 존재로 간주된 사람들, 또는 정형화된 이미지를 구체화하고 억압관계를 정당화하는 과정에서 피해를 본 사람들이 지식구축 과정에서 유의미하게 포함되도록 하는 노력이 진행되었다(Hesse-Biber & Leavy 2007). 학계의 관점에서 보면, 소수자 집단의 억압에 안주하는 지식 생산을 피하고(Hesse-Biber & Leavy 2011), 이후에는 제1세계의 관점만을 일방적으로 전달하는 연구를 피하기 위해 지식구축 과정에서의 권력을 지속적으로 성찰한 것이 이러한 운동의 축적된 효과라고 할 수 있다.

여성주의 이론, 비판적 인종 이론 및 퀴어queer 이론

여성주의 이론과 비판적 인종 이론 및 퀴어 이론은 모두 다학제 및 간학제적 맥락에서 출현했으며 따라서 어느 한 학제의 지적 자산이라고 주장할 수 없다. 이 이론들은 사회적, 정치적 의지에 따라 시작되었다. 사회정의운동에서 기원한 사상영역들로써 이 이론들은 모두 암묵적으로 기존의 지식 구조를 비판한다. 그러한 측면에서 (다양한 이론들을 대변하는 대표적인 명칭들인) 이 세 가지 이론적 전통은 그동안 연구 관행과 "상식적" 사고를 규정하면서 당연하게 간주되었던 이분법들에 문제를 제기한다.

일례로, 여성주의 연구자들은 "객관성"에 대한 실증주의적 개념에 대해 집단적으로 문제를 제기하고, 주체와 객체, 이성과 감정, 추상과 구상 등 실증주의 학문의 주축을 이루는 이원론의 해체를 요구했다(Sprague & Zimmerman 1993). 이러한 이원론은 이제 초학제성에 의해서도 도전받고 있다. 여성주의자들은 일차적으로 양적 패러다임에서 옹호되는 객관성에 대한 실증주의적 관점이 "학문적 억압"의 기록을 생산하면서 여성과 유색인, 성적 소수자들을 "타자"의 범주로 강등시켰다고 주장했다(Halpin 1989). 그래서 여성주의를 중시하는 연구자들이 실증주의에 대한 이론적, 방법론적 도전의 선봉에 섰다. 상당량의 초학제적 문헌이 이를 반영하고 있다. 이러한 측면에서 우리는 (초학제적 이론 및 방법론적 접근법이라고 할 수 있는) 여성주의 인식론이나 교차성 intersectionality 이론과 같은 초학제적 작업들이 어떻게 자신들의 시너지적인 이론과 방법론적 원칙들을 생산하는가를 볼 수 있다.

(성차별주의/젠더 불평등, 인종주의/인종적 불평등, 동성애혐오증/성적 지향 및 정체성에 따른 불평등과 같이 포커스는 다르지만) 여성주의, 비판적 인종 이론, 퀴어 이론은 몇 가지 공통점을 갖고 있다. 이 세 가지 이론적 프레임워크는 불평등을 폭로하여 철폐하기 위한 사회정의의 의지와 피억압자들의 관점을 채택하려는 의지를 공유한다. 피억압자들의 지식과 관련해서 이러한 관점들은 또 경험적 지식을 중시하며, 차이를 가리는 본질주의적 범주를 피하고자 한다. 이러한 측면에서 지난 20여 년간 이 세 가지 이론적 사상은 젠더와 인종, 성적 지향의 상호연관성을 중요하게 고려하는 교차성 이론으로 이동하는 경향을 보였다. 따라서 연구자들은 중복되고 심지어는 충돌하는 정체성들에 주의를 기울여야 한다 (Ritzer 2008)[교차성 이론에 대한 상세한 논의는 Patricia Hill-Collins 1991을 참조한다]. 더 나아가 (성적 지향이나 종교 등 다른 맥락에서 폭로되거나 감추어질 수 있는 정체성을 말하는) "감출 수 있는 정체성"의 성격(Faulkner 2006)은 또 교차성 이론의 새로운 개념화를 유도할 수도 있다.

이 관점에 따른 "정체성"을 둘러싼 복잡성을 고려할 때, 혼란과 역설을 포용하는 초학제적 접근법은 교차성 이론에 기반한 프로젝트에서 유용하며 추가적인 이론들을 생성할 가능성이 있다.

또, 이러한 관점들은 모두 (젠더, 인종, 성적 지향과 같은) 지위적 특징들을 사회적으로 형성된 것으로 간주한다. 페미니스트 관점들은 전반적으로 젠더가 사회적으로 형성된 것으로 가정한다(Glenn 2000). 이는 젠더가 생물학적 성과는 다르다는 것을 의미한다. 가장 단순하게 보면, 젠더는 사회에서 남성성과 여성성을 나타내는데 사용되는, 남성

과 여성에게 부과된 역사적이고 문화적인 아이디어의 집합이라고 할
수 있다(Lorber 1993, 2008 참조). 사회적 형성은 자연적인 것과는 거리가
멀다. 권력이 중시되는 환경에서 생성되어 적용된 것이기 때문이다.
마찬가지로, 비판적 인종 이론도 피부색과 연결된 (그러나 동치는 아닌) 인
종에 대한 역사적, 문화적으로 구성된 아이디어의 집합으로 인종을
규정한다. 비판적 인종 이론은 인종차별주의가 은밀히 확산되며 정
상화된 것으로 설명한다(Hesse-Biber & Leavy 2011; Ritzer 2008). 따라서 비
판적 인종 이론은 "사회의 위계적인 인종 구조"를 조사한다(Denzin 2005,
279). 델가도Delgado와 스테판식Stefancic(2001)은 사회적, 물질적, 상징적
맥락의 변화에 따라 지배집단이 여러 다른 역사적 순간에 다양한 소
수자 집단들을 인종화한다고 설명한다(Hesse-Biber & Leavy 2011). 두 연
구자는 2001년 9월 11일 이후 백인 미국인들이 아립인들을 테러빔으
로 인종화한 상황을 예로 들었다.

이러한 비판적 이론들은 인위적인 이원론을 해체하고, 정체성
개념을 복잡하게 하고, 연구과정에서의 권력 문제를 조명함으로써
다양한 맥락에서 초학제성에 영향을 끼쳤다.

탈근대주의, 탈구조주의, 탈식민주의 이론

탈근대주의, 탈구조주의, 탈식민주의 이론적 관점들은 모두 권
력이 연구과정에 영향을 끼치는 방식에 지대한 관심을 갖는다. 따라
서 이 관점들은 모두 전통적이고 실증주의적인 연구 접근법들과 그
러한 접근법들이 옹호하는 거대 이론들을 비판한다.

탈근대주의 시대의 특징은 흔히 매체 유형의 폭발적 증가, 역사
의 분절화, 초국적 자본주의, (시간과 공간에 대한 근대적 개념을 바꾸는) 기술 변

화로 규정된다(Hesse-Biber & Leavy 2011). 탈근대주의 이론은 그러한 변화에 주목하는 다양한 이론들을 포괄하는 용어이다.

탈근대주의적 관점은 연구를 "지식 구축 **프로세스**"로써 개념화한다. 지식은 (실증주의자들이 주장하는 것처럼) 발견되는 것이 아니라 권력으로 점철된 연구과정을 통해 구축된다(Hesse-Biber & Leavy 2011). 따라서 탈근대주의 이론은 전체를 포괄하는 거대 이론들과 절대적 진리를 거부하고, 대신 부분적이고 상황적인 "진실들"(맥락에 따라 달라지는 다수의 진실들)을 옹호한다(Haraway 1991 참조). 탈근대주의 이론은 경험의 사회정치적 성격을 설명하고 차이를 무시하는 본질주의적 정체성 범주들에 반대한다. 탈근대주의 이론들은 지식 구축 프로세스 전반에 걸쳐 성찰이라는 방법론적 실천에 훨씬 더 많은 주의를 기울이도록 했다. 따라서 탈근대주의 이론은 전통적인 지식 생산 모델에 중대한 도전을 제기하며, 초학제적 연구자들은 그러한 도전을 받아들인다.

탈구조주의는 다양한 이론적 작업을 포괄하는 범주이다. 탈구조주의의 주창자인 자크 데리다Jacques Derrida(1966)는 비판적 해체법을 제안하여 결속된 것들(거대 이론이나 담론)을 쪼갬으로써 거기에서 배제된 것, 침묵된 것이 무엇인지를 조사한다. 탈구조주의 연구자들은 지배적인 지식을 뒤흔들거나(Riger 1992, 735) "이론적 기계를 교란시킬"(Irigaray 1985, 78) 목적으로 그러한 실천들을 통해 억압적 권력관계들을 폭로하고 전복시키고자 한다. 초학제성 이론들이 주장하는 것처럼, 당대의 문제들과 그 규모에 비추어볼 때 이것은 매우 중요하다.

탈식민주의 역시 권력관계에 주의를 기울이는 비판적 관점이다. 본질적으로 탈식민주의 이론들은 지식 구축 관행에서의 식민지화를 인식하고 그것을 종식시키고자 노력한다. "피억압자들의 방법론"을 발전시킨 첼라 산도발Chela Sandoval은 "권위주의와 지배를 넘어선 어딘가에 있는 유토피아적 공간"으로 탈식민주의라는 용어를 설명한다 (2000, 185). 세계화가 가속화되면서 비판적 토착 이론들이 구축되고 1세계와 3세계 간의 초국적인 협력들이 진행되었다. 탈식민주의 이론들은 초학제성의 발전을 뒷받침했다.

육화embodiment 이론

육화 이론1) 역시 수십여 년 전에 여성주의와 정신분석, 현상학으로부터 출현했다. 이 이론저 관점은 몸에 초점을 맞추어 몸이 개념화되고 통제되고 경험되는 방식, 몸이 시공간에서 움직이는 방식 등에 관심을 갖는디.

엘리자베스 그로츠Elizabeth Grosz(1995)는 육화 연구에 대한 "새겨넣은inscriptive" "체험된 몸the lived body"의 접근법을 강조한다. 체험된 몸은 사회적 의미가 생산되고 저항되는 장소이다. 푸코Foucault(1976)와 보르도Bordo(1989)의 영향을 받은 그로츠는 이렇게 적었다. "몸은 역사 밖에 있지 않다. 몸은 역사를 통해 그리고 역사 안에서 생산되기 때문이다"(1994, 148). 일례로, 우리가 몸을 섹스화, 젠더화, 인종화하는 방식은 기존의 권력관계들과 깊이 연관되어 있다(pp. 141-2).

육화 연구에서 "체험된 몸"은 사람들의 경험적 지식을 의미한다. 그로츠는 우리가 몸과 마음의 "필연적인 상호연관성"을 보아야 한다고 주장한 메를로-퐁티Merleau-Ponty(1962)로부터 영향을 받았다(Grosz 1994, 86). 그는 경험이 몸과 미음 사이에 존재한다고 주장한다

---

1) 육화이론에 관한 이 부분은 리비Leavy(2009)의 *Method Meets Art: Arts-Based Research Practice*, Guilford Press(p. 183)에서 따온 것이다.

(Merleau-Ponty 1962). 따라서 몸은 사물이 아니라 사회적 행위자들이 사물에 대해 관계를 맺고 정보를 주고 받는 "조건이자 맥락"으로써 보아야 한다(Grosz 1994, 86). 간단히 말하면, 몸은 의미가 생산되는 도구이다. 임신의 육체적 경험에 대한 연구를 바탕으로 스프라이Spry(2006)는 경험적 지식에 접근하기 위해서는 연구자들이 "육화된enfleshed 지식"에 접근할 방법들을 찾아야 한다고 제안한다. 이것은 경험에 대한 총체적인 관점으로 경험을 육체적 요소들로부터 분리 불가능한 것으로 개념화한다. 이 관점은 또 몸과 마음이 긴밀하게 상호 연관되어 있다고 단언한다. 대체로 이론적 연구에서 등장한 이러한 육화 및 경험의 신체성physicality에 대한 논의는 (예술 기반 연구와 같은) 다양한 초학제적 방법론적 혁신들을 위한 맥락을 형성한다.

여성주의, 비판적 인종 이론, 퀴어 이론, 탈근대주의, 탈구조주의, 탈식민주의, 육화 이론 등 이러한 이론적 관점들은 권력의 문제에 주목하며, 연구가 개념화되고 수행되는 방식에서 상당한 수정과 세분화를 야기했다. 또 지식 구축에 대해 총체적이고도 프로세스 중심적인 관점을 제공하며, 성찰을 중시하고 더 나아가 윤리와 지식 구축의 문제를 강조한다. 마지막으로, 이 관점들은 불평등의 문제를 드러냄으로써 연구와 공익에 대한 질문을 유도한다. 그리고 다양성과 경험적 지식을 강조하여 참여적인 초학제적 연구를 위한 길을 닦는 데 일조한다.

비판으로부터 구축된 영역들

사회정의운동과 거기에서 영감을 받은 새로운 이론적 전통들이 결합된 결과로써 다양한 "지역연구area studies"가 나타났다. 이처럼 새로 출현한 영역들은 필연적으로 다학제적이고 간학제적인 맥락에서 발전했다. 더 나아가, 이들은 권력에 휘둘리는 그간의 지식 구축 관행들과 그러한 관행들이 정당화하고 유지시킨 사회적 불평등을 비판하는, "비판으로부터 구축된 영역들"이다(Klein 2000). 또 이러한 영역들은 모두 사회정의를 중시한다. 이러한 지역연구 또는 영역으로는 흑인학, 치카노/치카나(멕시코계 미국인)학, 문화학, 미래학, 여성학/젠더학 등이 있다. 이들의 출현으로 학계 전반에서 새로운 프로그램, 학과, 프로그래밍, 연구기관, 새로운 출판물, 컨퍼런스, 단체들이 만들어지고, 결과적으로 사회연구를 고찰하고 수행하는 새로운 방법들이 생겨났다. 그러나 (이제는 정통한 지식 영역으로 널리 인정되는) 이러한 지역연구들로 인한 집단적인 영향도 있었다. 지금은 이 영역들이 학계에서 정통성을 확보하면서 "인큐베이션" 단계를 벗어났고, 이제 학계 전반에서 이러한 프로그램들이 지식 구축 관행에 끼친 영향을 고려하는 단계에 이르렀다. 무엇보다도 다학제/간학제적 영역들과 그러한 영역들이 지식 생산 관행에 끼친 영향이 다시 학제들 전반에 영향을 끼쳤다(Johnson 2001). 다시 말해, 다학제성과 간학제성은 새로운 어떤 것, "제3의 공간"인 초학제성을 만들어내면서 학제성에 영향을 끼쳤다.

이해하기 쉽도록 문화학의 예를 들어보자. 문화학은 권력이 지식 구축에 영향을 끼치는 방식을 비판하는 국제적인 조류에서 시작되었다. 문화학이라는 용어 자체는 1964년에 처음 생겨났으나 그 운동은 1970-90년대에 진행되었다. 문화학이 비교적 최근에 등장했음에도 불구하고, 현재 학계 내에서는 두 가지 중요한 변화가 선명하게 감지된다.

첫째, 이제 문화학은 분명한 학문 영역 또는 지역연구로 자리매김했다. 그래서 이 영역도 제도화되었다. 일례로, 많은 기관이 문화학과 또는 문화학 전문 프로그램과 저널, 단체, 컨퍼런스를 갖고 있다.

둘째, 문화학의 컨텐츠(새로운 이론과 실증적 연구)는 학계 및 연구기관 전반에서 지식 생산에 영향을 끼쳤다. 문화학 프로그램의 영향에 관한 분석에서 존슨Johnson은 다음과 같이 설명한다.

"간학제성" "다학제성" 등과 같은 기존의 용어들이 지금 우리 학제들이 새로운 어떤 것을 공유하고 있다는 사실을 보여주지 못하기 때문에 나는 "초학제성"이라는 새 단어를 찾았다. 우리 학제들은 문화학의 개입 그 자체와 여러 가지 공통된 패러다임, 논쟁, 이슈, 그리고 보다 보편적인 "문화적 전환"으로부터 영향을 받았다(2001, 262).

존슨은 더 나아가 이러한 "학제들 간의 역학"에서 다음과 같은 세 가지 핵심적인 순간들을 적시한다. "1) 문화학이 근접 학제들로부터 차용, 2) 이러한 동일한 학제들과 다른 학제들은 문화학이 변형시킨 일부 요소들을 재전유reappropriate, 3) 문화에 대한 공통적이면서도 다른 담론들의 초학제적인 순간"(2001, 271).

문화학의 예는 학계 내에서 초학제적 프로젝트가 어떻게 발전할 수 있는지, 그리고 다시 그러한 초학제적 프로젝트가 학제 전반의 연구 관행에 어떠한 영향을 끼칠 수 있는가를 보여준다. 초학제적 활동들은 시너지적인 이론적, 방법론적 실천을 생산하며, 이것은 다시 여러 지역연구들에서 사용되고 적용된다. 흑인학, 치카노/치카나학, 미래학, 여성학/젠더학 역시 이러한 방식으로 학계(및 연구 프로세스)에 영향을 끼쳤다. 따라서 일례로 여성운동과 여성주의 이론들은 "여성학"을 훨씬 넘어서 전반적인 연구 관행에 영향을 끼친다. 초학제성이 실천되는 맥락에서는 전반적으로 사회정의의 가치와 목표가 강조된다.

다학제적/간학제적 영역들의 제도화: 커뮤니케이션학과

문화학과 여성학이 간학제적 프로그램으로써 현재 확산되고 있는 중이라면, 커뮤니케이션학과는 이제 완전히 제도화된 것으로 간주된다. 커뮤니케이션학과의 등장을 간략히 살펴보면 학문적 환경이 어떻게 변화하는지 그리고 초학제성이 어떻게 규범화되는지를 알 수 있다. 미국에서는 1960년대에 이르러서야 커뮤니케이션학이 하나의 완전한 학제로써 등장하여 70년대와 80년대 들어 학계에서 규범화되었다. 커뮤니케이션학은 스피치 및 수사학과speech and rhetoric departments, 연극학과, 그리고 인류학, 정치학, 심리학, 사회학을 포괄하는 사회과학 학과들에서 성장했다. 이러한 학과들은 모두 훗날 "커뮤니케이션학"이라 불리게 되는 계통에 부분적으로 초점을 맞췄다. 학과들을 재구성하는 한 방법으로써 커뮤니케이션이 하나의 학제로써 제도화되었고, 지금은 학계의 제도화된 한 영역으로써 널리 인정되고 있다. (문화학이나 여성학과 같은 다른 간학제적 영역들이 그러한 것처럼) 학계 전반에서 "프로그램"이 아닌 "학과"로 구분되어 있기는 하지만 커뮤니케이션학과는 인문학과 사회과학 분야의 배경을 지닌 다학제적 연구자들을 포함한다. 이 연구자들은 사회과학의 특정 학제에서 개발된 연구법을 이용할 수 있다. 그러나 커뮤니케이션학의 다학제적 기원으로 인해 새로운 연구 질문과 그러한 질문에 답하기 위한 새로운 연구법들을 개발하도록 자극받았고, 자신들의 연구적 관심사에 대해 다양한 모둠의 학제적 자원들을 통합함으로써 새로운 시너지적인 방법과 이론들을 개발해냈다. 커뮤니케이션학과는 또 앞서 설명한 '비판으로부터 구축된 영역들'에 영향을 받았으며 그러한 개입들에 의해서도 영향을 받고 있다. 이것 역시 초학제적 성격을 갖는 새로운 연구 접근법들의 탄생에 기여했다.

지식 구축과 관련한 폭넓은 변화

사회정의운동과 비판적/비학제적 이론의 발전, 비판적 지역연구의 출현(그리고 그에 따른 학계의 변화)으로 인한 영향을 고려할 때는 지식 구축과 관련한 포괄적이며 집합적인 영향을 조사하는 것이 중요하다. 기본스Gibbons, 리모제스Limoges, 노워트니Nowotny, 슈와르츠만Schwartzmann, 스콧Scott 및 트로우Trow는 *The New Production of Knowledge: The Dynamics of Science and Research in Contemporary Societies* (1994)(새로운 지식의 생산: 현대사회에서의 과학과 연구의 역학)이라는 저서에서 이러한 문제들을 다루었다. 이 책에서 저자들은 초학제성과 이질성 heterogeneity, 성찰(권력 중심적 관행)을 바탕으로 한 새로운 연구방식을 상세히 설명하고, 지식구축/연구에서의 주요한 변화를 다음과 같이 요약했다.

> 단순성에서 복잡성으로
> 단일성에서 이종성 및 혼종성으로
> 선형성에서 비선형성으로
> 통합 및 보편성에서 통합적인 프로세스로
> 분절성에서 연결, 협력, 결과로
> 경계선 만들기에서 선 흐리기와 가로지르기로
> 단기적, 단명적에서 장기적으로
> 분석과 환원에서 합성과 대화로
>   - Klein (2000, 12)

사회와 학계에서의 이러한 거시적인 변화들을 볼 때, 초학제성

이 출현한 배경은 자명해 보인다. 이제는 어떻게 세계화(그리고 그와 관련
된 수사적 활동들)가 초학제적 비전을 가속화시켰는가를 살펴보는 것도
중요하다.

세계화되는 세상

세계화는 경제적, 정치적, 문화적 교류를 포함하는 변증법적 과
정이다. 헤라스Herath(2008)는 세계화가 "시간과 공간의 압축에 기여하
는 과정"이라고 규정한다(p. 821). 물론 이 책에서 논의하는 것보다 훨
씬 더 복잡하기는 하지만 세계화는 1) 초국적 자본주의, 2) (불균형한 개
발, 지속가능한 개발, 생태학적 문제들을 포함한) 개발, 3) 문화적 교류라는 세 가
지 영역으로 구분할 수 있다. 초국적 자본주의 및 개발은 둘다 세계
화의 물질적 측면으로 범주화할 수 있는데, 변화하고는 있지만 여전
히 매우 불평등한 권력관계 속에서 서구와 비서구적 관점과 이해관
계가 서로 충돌하면서 다양한 문제들이 나타났다. 동시에 이러한 변
증법적 과정들이 진행되고 그에 따라 변화하는 환경 속에서 지역적
인 문화담론들이 대체되고, 이식되고, 변형되고, 구체화되면서 세계
화의 상징적, 의례적 측면이라고 할 수 있는 문화적 세계화와 관련한
문제들이 생겨났다.

세계화되는 세상에서는 지리적, 문화적 경계들이 변화하고, 개인
과 집단이 집단적 정체성을 (재)타협함으로써 이처럼 변동을 거듭하는
경계들에 대응할 가능성이 있다(Leavy 2008). 따라서 문화적 경계와 공간
적 경계들이 새롭게 바뀌고 중첩됨에 따라, 끊임없이 변화하는 경계는
집단 정체성을 확고히 하면서 동시에 변화시킬 수 있다(Leavy 2008).

세계화와 혼종성

경계가 빠르게 변화하는 세상에서 혼종성 이론들은 국가적 정체성이라는 개념 자체가 "상상의 공동체"에 근거하고 있다고 주장한다 (Anderson 1991; Bhabba 1990; Iyall Smith & Leavy 2008). 혼종성은 새로운 어떤 것을 창조하는 문화적 형태들의 혼합을 말한다. 바바Bhabba(1994)는 이것을 "제3의 공간"이라고 부른다. (세계화 과정에 대한 반응으로) 세계화에 관한 다학제적 연구가 급격히 증가하면서 지난 수십 년간 혼종성에 대한 이론적이고 실증적인 작업들이 빠르게 진행되었다. 혼종성 연구는 "세계화되고 있는 세상에서 만연한 의미 만들기와 정체성 구축의 복잡한 프로세스를 조사하기 위해, 혼합이론, 탈식민주의 이론, 비판적 인종 이론, 여성주의 이론들을 이용한다. 대체로 미시적 차원에서 도출된 데이터를 이용하여 연구자들은 여러 방향에서 "특정한 것"과 "보편적인 것"을 연결하는 연구를 수행하고 있다."(Leavy 2008, 167, Iyall Smith 2008을 참조함). 그렇게 해서 연구자들은 복잡한 방식으로 미시적 차원과 거시적 차원, 구체적인 것과 추상적인 것을 연결한다.

혼종성 연구는 정체성과 맥락 간의 관계에 초점을 맞춘다. 필자가 혼종성에 관한 책에서 설명한 것과 같이 "혼종적 정체성hybrid identity에 관한 연구는 변화하고 세계화되는 맥락에서 다수의 혼종화된 정체성들 간의 변증법적이고 상호생산적인 관계에 초점을 맞춘다"(Leavy 2008, 167). 혼종성 연구자들은 다음과 같이 질문한다. "이 맥락에서 각 집단들은 구체적이고 다양한 문화세력, 경제세력, 제도적 환경에 직면할 때 어떻게 정체성과 문화적 공간을 타협하는가? 다양한 문화적 요소들 간의 균열과 융합에 의해 생성된 그러한 문화적 공간들은 어떠한 측면에서 (정체성이 구축되어 각축하는) 사실상 **생산적인 공간인가?**"

(Leavy 2008, 167).

혼종성 연구는 또 앞서 언급한 학문적 동향인 '비판으로부터 구축된 간학제적 영역들'에서 출현했다. 일례로, 접경지역에 관한 중요한 연구들이 치카노/치카나 정체성 연구에서 발전되었다. 안잘두아 Anzaldua는 그녀의 선구자적 연구(1987)에서 멕시코-미국 간 국경을 "부자연스러운 경계선의 감정적 잔재에 의해 만들어진 모호하고 불분명한 공간"이라고 규정하면서 경계에 대한 우리의 생각을 지리적 공간 너머로 확장시켰다(1987, 3). 더 나아가 안잘두아는 이러한 맥락에서는 "복수의 인격personality"이 나타나고, 그로 인해 사람들이 "여러 문화들 사이에서 줄타기하는" 법을 배우면서 더 많은 이질성을 생산하게 된다고 지적한다(1987, 79). 그렇다면 연구자들에 대한 질문은 이것이다. 이러한 문화적 현상에 어떻게 접근할 것인가? 이에 대한 대답이 초학제성이다. 로버트슨Robertson(1996)은 "세계성globality"의 문제가 "학제적 경계"에 대해 연구자들이 생각하는 방식을 바꾸어 놓았다고 지적한다(p. 127). 더 나아가 그는 세계적인 관점은 "비판적인 학제적 돌연변이"를 필요로 한다고 설명한다(1996, 127). 이와 관련하여 페리그-치엘로Perrig-Chiello와 다벨레이Darbellay(2002)는 초학제성이 "복잡한 문제를 풀기 위해 학제적 지식을 재구성하는" 세계적 관점이라고 주장했다(p. 24).

세계화 과정이 지속적으로 장소와 공간, 정체성의 문제를 빠르게 변형시킴에 따라 혼종성 연구도 계속해서 나타날 것이다(Leavy 2008). 역사적으로 대부분의 혼종성 연구 프로젝트들은 인터뷰, 민족지, 역사적 비교법과 같은 통상적인 학제적 연구법들을 이용하도록 설계되었다. 다른 글에서 필자가 설명한 바 있지만, 우리가 혼종성을 보다 구체적으로 이해할 때 새로운 연구 관행을 필요로 하는 새로운 연구 질문들을 만들어낼 수 있을 것이다(Leavy 2008). 나는 비판적 토착 이론 및 그와 관련한 초학제적 관행들이 발전하면서 이러한 방법론적 혁신이 일어나고 있다고 생각한다. 니콜레스쿠Nicolescu(2002)는 초학제성이 "성격상 본질적으로 세계적"이라고 주장한다(p. 3). 세계화 과정은 앞으로 더욱 가속화될 것이다. 따라서 초학제적 연구공동체는 혼종성, 이론 구축, 관련 연구 주제들을 실증적으로 조사하는데 필요한 도구들을 지속적으로 개발해야 할 것이다. 로버트슨은 "세계성에 대한 논쟁이 … 학제들의 매트릭스를 재편할 것이며, 장기적으로는 우리가 지금 알고 있는 학제성의 종식으로까지 이어질 수 있다"고 주장한다(1996, 128).

비판적 토착 이론

토착 연구에 대한 비판적 접근법들은 정의운동의 흐름에 대한 이론적 접근법들이 진화하고, 초학제적 연구공동체가 세계화 과정의 영향을 받으면서 1990년대 이후 나타나기 시작했다. 이러한 접근법들은 또 예술 기반 연구와 지역사회 기반 연구 등 이 책에서 검토한 몇몇 방법론적 장르들을 이용한다. 덴진Denzin과 링컨Lincoln(2008)은 이렇게 설명한다. "비판적 토착 연구는 토착민들에 대한 관심에서 시작되며, 그것이 토착민들에게 제공하는 수혜의 측면에서 평가된다." (p. 2). 연구 프로젝트라는 맥락에서 보면 이러한 접근법들은 연구 참가자들(그리고 비서구 출신 연구자들)이, 적어도 부분적으로, 결정한 사회정의의 목적을 위해 토착민들의 피지배적 지식에 접근하는 것을 목표로 한다. 연구 관행들을 보다 포괄적으로 재협상하는 문제와 관련해서 비판적 토착 연구는 "서구의 방법론을 비식민지화하고decolonize, 서구의 과학과 근대의 학문이 식민지 도구로써 이용된 방식을 비판하고, 그에 대한 신화를 깨뜨리고자 하는 토착민 학자들의 의지를 포용한 다"(Denzin & Lincoln 2008, 2). 이것은 통상적인 지식 생산 모델에 대한 체계적인 질문과 재협상을 필요로 한다. 로버트슨은 세계화를 모든 사회연구 관행의 (하위 학제나 특화된 부분이 아닌) 한 부분으로 보기 위해서는 왜 "사회과학의 지적 도구 전체에 대해 의문을 제기해야 하는가"를 생각해보도록 촉구한다(1996, 128). 이와 관련하여 덴진과 링컨(2008)은 "접경지역 인식론"borderland epistemology(p. 2)을 주장하는데, 나는 이것이 필연적으로 초학제성에 근거하고 있다고 본다. 비판적 토착 연구의 이론적 발전을 위해서는 초학제적 비전(및 관행)이 필요하다.

기술의 발전

기술의 진보 역시 초학제적 혁신의 발전을 도왔는데, 특히 다음 세 가지 측면에서 중요한 역할을 했다. 1) 과학적 연구의 대상이 되도록 세계적 환경을 바꾸었다. 2) 초국적 공동체들을 생성하고 초국적 연구 협력을 가능케 했다. 3) 방법론적 혁신을 촉진하고, 멀티미디어 텍스트의 구성과 신속한 전달을 가능케 했다.

기술 변화는 보편적이면서도 지역적인 방식으로 세계적 환경을 바꾸었다. 과학적 연구와 관련해서는 제1세계와 3세계 간의 기술 격차, 환경 문제(및 빈곤지역에 독성 물질을 폐기하는 행위와 관련한 도덕적 문제), 교육적 변화, 경제적 변화(자금의 흐름, 개인적/전문적 금전 관리, 노동력의 변화), 개인적/사회적 네트워킹 관행의 변화, 개인/지역사회/국가/초국적 수준에서의 커뮤니케이션 관행의 변화 등 다양한 문제들이 과학적 조사의 주제가 되었다.

초국적 공동체의 생성 및 초국적 연구 협력과 관련해서는 먼저 전자를 살펴보자. "월드 와이드 웹"은 "가상 공동체"의 생성을 가능케 함으로써 전통적인 공동체의 의미를 바꿔놓았다.[2] 가상 공동체들은 기술적 수단을 통해 연결되어 있고 "사이버공간"에 존재한다. 이러한 공동체들 자체가 많은 사회연구의 초점이 되었다. 이들 네트워크가 국경을 가로질러 지속적으로 발전하고 새로운 사회적 행동 연구를 촉진함에 따라, 학계도 지속적으로 이러한 문제들을 탐색할 것이다. 비용효율적인 초고속 커뮤니케이션 테크놀로지들로 인해 또 초국적 연구 공동체의 구축이 가능해졌다. 이것은 정보, 방법론적 전략, 연구 결과, 비토착적 문제들에 대한 초국적, 초학제적 공유를 가능케 하는, 연구와 관련하여 역사적으로 가장 중요하고도 잠재성이 있는 발전 중 하나이다.

마지막으로, 신기술로 인해 다양한 유형의 "텍스트"를 생성하고, 보존하고, 전달하는 것이 가능해졌다. 몇 가지 예로는 인터넷, 포토샵, 디지털 카메라, 디지털 이미징 테크놀로지, 사운드 파일 등이 있다. 또 다양한 범주의 "참여형 미디어"와 "인터액티브 미디어"가 있다(Cameron & Mengler 2009). 이러한 기술들을 통해 보다 광범위한 연구 공동체들이 그전에는 불가능했던 텍스트 형식을 생산하여 출판할 수 있게 되었다. 이것의 중요성은 공동체 및 예술 기반 연구에 대한

---

2) 전통적으로 공동체는 1) 지리적 공간을 공유하거나 2) 공통된 정체성, 경험 또는 직업을 공유하는 집단(예. 의료 집단, 동성애 집단, 유대인 집단, 암생존자들)을 의미한다. 공동체는 때로 지리적 공간과 공통된 정체성, 경험 또는 직업을 모두 공유하기도 한다(예. 뉴올리언스의 재즈 음악가들, 버팔로의 철강 노동자들, 샌프란시스코의 동성애자들)(Shopes 2002 참조). 인터넷의 발달로 이제는 공동체의식이 일시적이거나, 특정 주제에 대한 장단기적인 관심 또는 특정 웹사이트(예. 온라인 데이트 사이트의 회원들, 온라인 암생존자 대화방의 참가자들)를 바탕으로 하는 "가상 공동체들"이 생겨나고 있다(Leavy 2011 참조).

차후 논의에서 보다 자세히 다룰 것이다.

연구자들은 (사회적, 문화적, 정치적 영향 등) 경제적, 기술적 세계화로 인해 발생한 새롭고 복잡한 문제들을 다루기 위해서는 초학제성이 필요하다고 주장한다(Thompson 등 2001, 25).

문제와 대중

초학제성은 문제 중심적인 연구 접근법이다. 특정 프로젝트를 수행하기 위해 여러 모둠의 하제저 자원과 전문성을 한데 모은다. 다시 말해, 연구 대상인 이슈나 문제를 가장 잘 조사할 수 있는 개념적, 방법론적, 이론적 프레임워그를 구축한다. 따라서 학계의 관심을 요구하는 문제들의 성격이 초학제성을 움직인다.

복잡하고 분산되어 있는 문제들

우리가 살고 있는 세계는 갈수록 복잡해지고 있다. 카메론Cameron 과 멩글러Mengler(2009)는 이를 "초복잡성 사회"hyper-complex world라고 명명했다. 인류가 직면한 문제들은 거대하고, 복잡하고, 분산되어 있다. 그 중 가장 심각한 문제 몇 가지를 예로 들자면, 환경적 위기, 지속가능성, (암과 같은) 건강 문제, (다양한 형태의) 폭력, 극도로 불균형적인 개발(및 기타 경제적 불평등), (교육 불평등 및 기타 사회적 불평등을 포함한) 교육의 위기 둥이 있다. 지금까지 단 하나의 학제가 당대 시회의 문제들을 해결한 적이 없고 또 그렇게 할 수도 없다.

예를 들어, 지속가능성에 대한 포괄적인 접근법을 시급히 개발

해야 할 필요성으로 인해 초학제성(그리고 당대의 여러 문제들에 내재된 초학제적
특징)의 중요성이 더욱 커지고 있다. 맥마이클은 "이 주제의 탐색에서
는 인간사회와 자연세계 간의 연계가 근본적이다. 따라서 사회과학
과 자연과학 간의 역사적 인식론적 단절이 지속된다면 그러한 연계
도 위기에 처할 것이다"라고 하였다(2001, 208). 수미Sumi(2000)는 인류
가 현재의 궤도에 머물러 있을 수 없기 때문에 우리가 지속가능성
과학을 창조해야 한다고 촉구한다. 그렇게 하기 위해서는 우리 환경
의 세 가지 하위 시스템인 1) 지구적 자연 시스템(기후), 2) 사회경제
적 시스템, 3) 인간 시스템(집단 및 개인) 간의 균형 또는 시너지의 필요
성을 총체적으로 다룰 수 있는 문제 중심적이고 초학제적인 접근법
이 필요하다(Sumi 2000). 수미는 더 나아가 이러한 시스템의 요소들을
다음과 같이 설명한다. 1) 지구적 자연 시스템은 기후 시스템, 에너
지와 자원, 생태계를 포함한다. 2) 사회경제적 시스템은 경제, 정치,
산업, 테크놀로지를 포함한다. 3) 인간 시스템은 안보/안전, 라이프
스타일, 건강, 규범과 가치를 포함한다(2000, 169). 기후 변화, 전염병,
자연재해, 대량생산, 소비, 파괴 등과 같은 복잡한 문제들을 해결하
려면 우리 환경의 이처럼 다양한 측면들을 시너지적으로 분석해야 한
다(Sumi 2000).

초학제성을 요구하는 연구 주제의 예는 수없이 많다. 일례로, 맥
마이클은 도시화와 자동차의 대량생산이라는 주제가 공해(그리고 그와
관련된 많은 건강 및 환경 문제), 운동 부족(비만율, 건강 문제, 정체성/자존감 문제, 미디어
이용과 같은 기타 일상적 문제), (보다 큰 폭력 문제와 연관된) 교통 및 난폭운전, 이웃
의 분절(사회계급, 인종, 실질적 인종 분리 등과 관련된 문제 등) 등 많은 문제들을 유
발한다고 지적한다(2001, 209). 따라서 단 하나의 학제적 관점만으로
이러한 문제들을 효과적으로 다루기란 불가능하다. 학제적 자원들을

모아 새로운 자원과 프레임워크를 창조해야 한다. 폭력과 건강 등 필연적으로 초학제적인 문제들이 많이 있으며, 이에 대해서는 이 책에서 보다 깊이 있게 다룰 것이다.

도덕적 의무

현실세계의 중요한 문제들에 대해 초학제적으로 접근해야 할 도덕적 의무도 있다. 초학제성이 사회정의에 기반한 관점이라고 말하는 것은 단순히 과거의 사회정의운동들에 대해 립서비스를 제공하려는 것이 아니다. 초학제적 활동의 중심에 있는 문제들은 오늘날 우리 삶의 문제들에 해결책을 제공할 수 있는 역량이 가장 잘 갖추어져 있는 사람들, 바로 연구자들의 관심을 요구한다. 지식 생산자들로서 우리는 시급한 사회적 요구/필요에 대응하기 위해 가능한 모든 도구를 이용해야 할 도덕적, 윤리적 의무가 있다. 에른스트Ernst(2008)는 연구자들이 공익에 대한 의무와 더불어 차세대 연구자와 리더들을 교육시켜 그들이 지속적으로 새로운 도전에 대응할 수 있도록 할 의무를 함께 고려해야 한다고 주장하면서 이렇게 역설했다. "우리 학자들은 주요한 당면 문제들을 해결할 수 있는 단서를 제공하는 초학제적 그리고 초문화적 연관성들을 이해하기 위한 지혜를 발전시킬 의무가 있다"(2008, 121). 또 지식은 지혜를 얻는데 반드시 필요하지만 이 둘이 같은 것은 아니라고 하였다. 지혜는 폭넓은 관점과 "연결성에 대한 이해"를 필요로 한다(2008, 123). 더 나아가, 지혜는 연민과 함께 쓸 수 있는데(Ernst, 2008), 연민은 사회정의운동에서 반드시 필요한 요소이다. 에른스트는 또 학계가 사회 안에서 작용해야 한다고 주장하는데(p. 129), 나도 여기에 동의한다. 그는 이렇게 적었다. "우리는 매우

작은 부분에 한해 모든 것을 알고 있는 단순 전문가는 필요로 하지
않는다. 백과사전적 지식은 데이터베이스에 더 잘 보관되어 있다. 사
회는 기꺼이 책임을 짊어지고자 하는 혁신적이고 적극적인 시민들을
필요로 한다"(2008, 129). 연구자들은 초학제적 비전과 사회연구에 대
한 초학제적 접근법을 개발하여 공익에 기여하고 스스로의 유용성을
높일 수 있다.3)

참여하는 대중

최근 몇 년간 학계에서는 공적 학문을 향한 상당한 움직임이 있
었는데, 초학제성이 이 의제를 발전시키고 있다. 현실세계의 문제를
다루고 공익에 보다 크게 기여하기 위해서 연구자들은 학계 밖의 개
인 및 집단들과 진지하게 협력할 필요가 있다. 일례로, "공익"적 연
구 주제를 찾는 과정도 연구자와 다른 유관집단들이 협력할 수 있다.

많은 학자들은 최근 몇 년간 일반 대중들의 교육 수준이 높아지
고 (문제가 심각하고, 인터넷을 통해 정보를 공유하기가 수월해지면서) 사회문제에 참여
하는 비율도 높아졌다고 설명한다(Russell 등 2008 참조). 다른 연구자들과
마찬가지로 나는 (특히 서구에서) 대중들이 보다 참여적이 되기는 했지
만, 날로 심각해지는 "시급한" 사안들에 대응하는 주요 (정치, 경제, 과학)
기관들의 능력에 다수가 회의를 느끼고 있다고 생각한다. 쉽게 말해
서, 대중적 관심은 커졌으나 신뢰는 그만큼 줄어들었다. 그렇기 때문
에 연구기관들이 적극적으로 현실세계에 개입해야 하며 현실로부터

---

3) (지속 가능성, 인구, 실업 등) 인류가 직면한 거대하고 복잡하며 분산되어 있는 문제들
을 해결하기 위해 지난 20여 년간 "미래학" 분야가 급속히 발전해왔다(미래학에 대
한 논의는 Masini 2000 참조).

단절되어서는 안된다. 러셀Russell 등(2008)은 "참여하는 대중"이 초학제성의 주요 동인이라고 주장한다(그리고 내 생각에는 주요한 자원이기도 하다). 이들은 또 연구 관행에 참여하고자 하는 대중적 요구와 학계가 대중과의 "공유된 비전" 또는 "계약"을 추구해야 할 필요성이 증가하고 있다고 설명한다(2008, 464). 나는 연구가 학계 안과 밖(학계 밖에 존재하면서 어느 하나의 이해관계에 종속되어 있지 않은 집단 등) 양쪽에서 일어나야 한다고 생각한다. 초학제성은 문제 중심적이며, 러셀 등에 따르면 "협력적인 반응적 문제해결법"으로서 "대학들이 새로운 지식 환경에 적응하고, 21세기의 지구적 문제들에 대응하도록 도울 잠재성이 크다"(2008, 461).

다음 표는 학계의 주된 변화와 그러한 변화가 초학제적 연구의 발전에 끼친 영향을 요약한 것이다.

표 2.1 사회연구 환경의 변화

변 화	주된 장소	주된 효과
비판적 이론의 관점, 지역연구, 다학제/간학제적 학과들의 제도화	학계 내부	초학제적 협력을 위해 학제 간 통로와 시너지 창출
세계화 및 그에 따른 경제적 발전, 문화적 및 기술적 변화	세계화되는 세상	초학제적 연구 협력을 위한 수단과 연구 결과를 공유하기 위한 다양한 전략들의 개발
중요하고 다차원적인 당대의 문제들에 대한 대중적 인식 증가	대 중	연구와 실천명령에 대한 윤리적 하위구조의 생성

연구 주제들

초학제성의 발전을 이끄는 요소들은 또 흔히 초학제적 접근법이 적용되는 주제의 유형에도 영향을 미쳤다. 일례로, 초학제적 연구에서 현재 많은 주목을 받고 있는 몇몇 주제들은 지속 가능성, 건강, 교육, 폭력, 비만, 고용(실업), 지구적 맥락에서의 불평등, 그리고 지구적 맥락에서의 정체성 등이 있다. 이 책의 나머지 부분에서 나는 (자연과학, 환경학, 의학에서 기원한 프로젝트들로 인해 현재까지의 초학제적 문헌 중 상당수가 그러한 것처럼 환경적 지속가능성과 같은 보다 일반적으로 "현실세계"의 주제가 아닌) 사회적 세계와 연관된 예들을 활용할 것이다. 나는 사회과학, 교육학, 보건학에서 기원할 가능성이 큰 예들을 사용할 것인데, 예를 들면 젠더 불평등, 예방의학, 비만, 폭력에 관한 연구에서 사용될 수 있는 초학제적 방법들을 검토할 것이다. 이를 위해서 다음 장에서 초학제적 프로젝트를 설계할 때 고려해야 할 연구 설계상의 문제들을 살펴보고자 한다. 그 다음 두 장에서는 초학제적 연구의 두 가지 주요 장르인 지역사회 기반 연구와 예술 기반 연구를 검토한다. 마지막 장에서는 초학제적 패러다임에서의 평가와 관련한 문제들을 논의할 것이다. 그리고 초학제성을 문제해결 도구로 이용하기 위해 학제가 나아가야 할 방향에 대해 제안할 것이다.

제 3 장

연구 설계:

문제 중심적 접근법

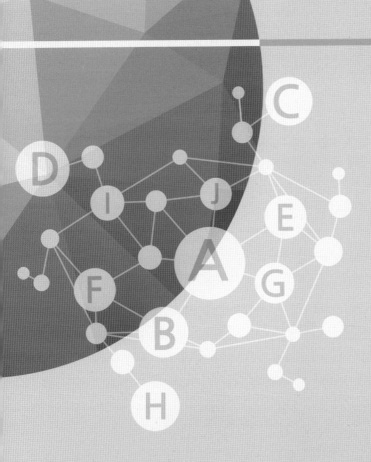

제3장 | 연구 설계:

문제 중심적 접근법

초학제성은 우리가 살아있기 위해서 또는 우리의 프로젝트를 날성하기 위해서 이용하는 도구가 아니다. 그것은 살아있는 방식이다. 그것은 우리 자신의 생각을 상대화하고, 우리의 편견을 재조정하고, 우리가 콧대 높게 다른 사람들보다 전문가임을 내세우도록 만드는 바로 그 지식을 약화시키고, 우리의 "어쩔 수 없다"를 다시 모으고, 중심에서 벗어나 주변을 추구하도록 돕는다.

- 맥도널드(2000, 244)

초학제적 연구법은 광범위한 연구 주제들을 조사하는데 사용될 수 있고, 창의적인 방식으로 설계될 수 있으며, 여러 학제들을 혼합하여 얻은 전문성을 이용할 수 있다. 또 초학제적 연구 설계는 연구 목적을 추구하는 과정에서 어떠한 방법이라도 이용할 수 있다. 초학제적 연구에서는 정량법, 정성법, 하이브리드hybrid, 다중 방법multi-method, 혼합방법mixed method 등 어느 방법이나 이용할 수 있다. 자신의 연구 질문을 다루기 위해서 새로운 방법을 고안해내는 연구자들도 있다. 방법은 단순히 데이터 수집을 위한 도구이며(Hesse-Biber & Leavy 2011), 초학제성을 결정하는 것은 아니다. 다시 말해, 초학제적 연구란 어떤 모습이어야 한다거나 어떤 단계를 밟아야 한다는 등의 표준화된 틀이 없다. 그럼에도 불구하고, 초학제적 연구의 원칙과 목표는 초학제성을 최대화하면서 프로젝트의 목표를 달성할 수 있는 연구 설계를 구축하는 방법을 제안한다. 이 장에서 나는 먼저 초학제적 프로젝트를 기획할 때 고려해야 할 일반적인 문제들을 검토해볼 것이다. 그런 다음, 연구 설계를 1) 기획, 2) 데이터 수집, 3) 분석, 해석 및 발표의 세 단계로 나누어 심층적으로 논의할 것이다.

문제 중심적 연구와 "반응적 방법론responsive methodologies"

먼저, 초학제적 연구는 필연적으로 문제 중심적이다. 이것은 설계와 관련한 모든 사안들이 연구를 통해 해결하고자 하는 바로 그 문제와 관련하여 결정되어야 한다는 것이다. 연구 전략은 연구 주제와 목적에 따라 개발된다. 웍슨 등(2006)에 따르면, 초학제적 연구는 "방법론을 개발할 때 인식론들이 상호침투하는 것이 특징이다 … 당면 문제 또는 그 맥락에 맞는 새로운 혹은 고유한 방법론을 구성하기 위해서는 학제적 경계가 해체되어야 한다"(p. 1050). 이는 학제적 지식과 설계상의 특징 및 방법들을 혼합할 수 있는 가능성이 무궁무진하다는 의미이다. 더 나아가, 설계 전략이 연구자의 선호나 주된 가정이 아니라, 해당 문제를 어떻게 하면 가장 잘 다룰 수 있을 것인가를 고려하여 구축된다.

물론 연구자들이 연구 프로세스에 자신의 학제적 가정들을 들여

오겠지만, 이것은 연구를 약화시키는 것이 아니라 강화시키는 방향으로 이용될 수 있다. 초학제성을 최대화하면서 동시에 학제적 전문성을 최대 한도로 끌어내려면, 각 연구자가 성찰적 과정을 통해 자신이 갖고 있는 가정들을 인식하고 거기에 기꺼이 의문을 제기할 준비가 되어 있어야 한다. 또 연구자는 다른 관련 영역들의 문헌을 참조하고 필요시에는 협력하는 등 필요한 전문성을 끌어들여야 한다.

모든 프로젝트가 다르게 구성되겠지만, 초학제적 프로젝트를 위해 개발된 연구 전략은 연구 목적과 질문들에 대해 총체적으로 접근법을 포함해야 한다. 다시 말해, "전체"를 고려해야 한다. 또 주어진 연구에서 최대한 연구할 수 있는 만큼 해당 문제를 고려하고, 다양한 관점에서 그 문제를 고려해야 한다는 뜻이다. 연구를 설계하면서 연구자는 끊임없이 다음과 같은 질문들을 성찰해보아야 한다.

- 이 설계에서 빠진 것은 무엇인가?
- 내가 지금 놓치고, 이해하지 못하고, 보지 못하는 것은 무엇인가?
- 이러한 문제를 보는 다른 방법들이 있는가?
- 관련된 학제적/간학제적 지식군들을 들여왔는가?
- 핵심 개념들이 다양한 학제와 문화적 렌즈를 통해 규정되었는가?
- 지속적으로 초학제적 방향성을 가지고 이 문제에 접근하고 있는가?

"전체"를 생각할 때 도움이 되는 예로서, "총체적"holistic, "인본주의적"humanistic, "전인적 고객"whole client 의료라고도 불리는 "통합의료"integrative health care의 실천을 살펴 볼 수 있다(Klein 2000). 통합의료는 의료에 대한 초학제적 접근법으로 생물학적, 사회적, 심리적, 윤리적 요소들을 고려한다(Klein 2000). 클라인은 "통합의료"를 다음과 같이 설명한다. "인간을 상호적이고 통합적인 전인적 존재로서 인지한다. 그에 따라 역동적이고 유동적인 반응으로써 치료가 구성되며, 의료팀은 해당 고객을 전체whole로써 치료하는 전문가들의 상호적인 파트너십을 갖는다"(2000, 56). 역사적으로 의료는 자연과학에서 출현하였으며 생물학적, 생리학적 건강을 강조하였다. 그러나 이제 연구자들은 자연과학과 사회과학/행동과학을 통합하여, 건강에 대해 보다 총체적으로 접근하는 방향으로 전환하고 있는데 이때 초학제성이 요구된다(Piko & Kopp 2008).

파이코Piko와 콥Kopp(2008)은 헝가리에서 진행된 의료 연구에 대한 초학제적 접근법으로 매우 훌륭한 실증적 예를 제공하고 있다. 1980년대에 헝가리는 유럽에서 기대수명이 가장 낮고 사망률이 가장 높았다(Piko & Kopp 2008). 헝가리 인구의 "건강 상태"를 조사하기 위해 초학제적 연구팀이 결성되었다. 의료심리학, 의료사회학, 의료인류학, 의료커뮤니케이션학, 의료윤리학 분야의 사회/행동 연구자들이 "행동의학"Behavioral Medicine이라는 이름 하에 포함되고 범주화되었다 (Piko & Kopp 2008). 다중 방법을 이용한 이 프로젝트는 "헝가리 국민들의 건강 상태를 측정하는 연구 단계, 의학과 및 기타 보건학과 학생들을 위한 강의에 연구 결과를 반영하는 교육 단계, 연구 결과를 바탕으로 기술과 예방 프로그램을 개발하는 실천 단계"의 세 단계로 구성되었다(Piko & Kopp 2008, 306). 이 예에서 볼 수 있듯이, 통합적이고 총체적인 의료적 접근법을 향한 움직임은 초학제성을 보다 풍요롭게 한다.

학제성에서 초학제성으로 이동하는 것과 관련한 또 다른 흥미로운 예는 건축 분야에서 발견된다. 존 라스트John Last(2000)는 비록 그것을 항상 초학제성이라고 명명한 것은 아니지만, 자신의 분야에서 지속적으로 초학제성을 적용했던 경험에 대해 기록했다. 그는 건축

가들을 위한 공중보건 수업이 반드시 그래야 하고, 또 필연적으로 초학제적 훈련이어야 한다고 주장한다.

> 환기, 조명, 냉난방, 정수, 위생시설, 하수처리시설 …은 주택과 정신건강 간의 관계를 설명한다 … "인간거주공학"ekistics은 심미적, 사회적, 심리적, 영적으로 쾌적한 삶을 누리고 건강하면서, 기능상 효율적인 도시를 만드는 과학이자 예술이다(Last 2000, 194).

이것은 초학제성을 통해 "전체"를 생각하는 또 다른 예이다.

또 연구 설계 전략 자체가 총체적이어야 한다. 연구 설계에 대한 총체적 접근이란 연구의 각 단계가 다른 단계들과 통합되어야 한다는 말이다(Hesse-Biber & Leavy 2011). 윅슨 등은 통합의 세 가지 차원을 1) 인식론들의 통합, 2) 이론과 실천, 3) 연구자와 연구 맥락으로 요약한다. 이것은 연구 방법론에 대한 시너지적인 접근법이다. 일련의 선형적 단계들과 달리 총체적 또는 시너지적 연구 설계는 되돌아가기, 재시험 또는 다시 질문하기, 새로운 아이디어에 따라 설계 수정하기 등 완전히 다른 형태가 될 수 있다. 그래서 초학제성은 연구 프로세스 전반에 걸쳐 새로운 내용을 학습하면서 방법론이 진화하는, 반복적 또는 반응적 프로세스를 따르는 진화적 방법론을 필요로 한다(Wickson 등 2006). 그래서 연구자들은 연구 프로세스 전반에서, 전통적인 학제적 연구에서 흔히 그렇듯이 맥락에 따른 데이터를 수집해서 조사하지 않고도 "완벽한" 연구를 설계할 수 있을 만큼 모든 것을 알고 있는 전문가가 아니라, 학습자가 된다. 초학제적 연구는 연구자들이 처음부터 모든 것을 알고 있지 않으며, 연구 프로세스가 진행되는 동안 배우면서 질문해야 한다고 가정한다. 우리가 모든 답을 알고 있다면 연구를 할 필요가 없을 것이다.

여기서 다시 초학제성의 핵심 원칙인 유동성이 강조된다. 연구 전략은 새로운 통찰에 따라 수정할 수 있도록 유동적이어야 한다[1] (Russell 등 2008). 따라서 초학제적 연구는 "반응적 방법론"을 따른다 (Wickson 등 2006). 윅슨 등은 반응적 방법론을 "반복적이며 연구 프로세스의 지속적인 부분 … 진화하는 방법론"이라고 규정한다(p. 1051). 이와 관련하여 플린터만 등(2001)은 다음과 같이 연구 설계의 나선형 모델[2]을 제안했다. "1) 연구 분야를 규정, 2) 관련 행위자들을 규명, 3) 문헌 조사, 4) 일차적 데이터(심층면접, 포커스 그룹, 토론 그룹/워크샵), 5) 모두에 의한 피드백(그리고 반복), 6) 공통의 비전/행동계획을 개발"(Flinterman 등 259-260).

이 절차는 "초학제적 방법을 통해 연구 주제를 규명하여 평가하고, 우선순위를 결정하고, 연구 질문과 목적을 결정하고, 연구 프로젝트를 설계하고, 연구 결과를 분석하여 해석"하는데 사용될 수 있다 (Flinterman 등 2001, 259). 이 모델은 특정 프로젝트에 맞게 수정될 수 있다. 플린터만 등이 제안한 모델은 반응적 방법론의 한 예일뿐이라는 점을 강조하는 것이 매우 중요하다. 이 모델을 초학제적 연구를 수행하는 "유일한" 방법이라고 생각해서는 안된다. 모든 상황에 맞는 단한 가지 전략이란 없기 때문이다.

---

1) 러셀 등(2008)은 연구과정에서의 유연성과 혁신을 제도화하려는 시도가 그것들을 안정화시킴으로써 실제로는 그 원칙들을 저해할 수 있다고 경고했다. 초학제성의 특징들이 제도화되면 관련 용어들의 의미가 협소하거나 제한적으로 규정될 수 있다. 이것은 현실세계의 문제를 다룰 수 있는 잠재성을 본의 아니게 제한하지 않으면서도 제도 안에서 초학제성 연구를 독려하고 증진하고 뒷받침할 방법을 찾는데 따른 어려움을 보여준다.

2) 샬린 헤세-바이버Sharlene Hesse-Biber와 나는 공동 저술한 책 *The Practice of Qualitative Research, 2nd edition*에서 질적 연구에 대한 "나선형" 접근법을 제안했다(Sage, 2011).

연구 설계에 대한 반응적 접근(또는 나선형 접근)은 순환성의 원칙을 따른다. 순환성은 초학제적 연구의 질을 높이는 주요한 특징이다(그리고 6장에서 설명한 바와 같이 평가에서 핵심적인 역할을 한다)(Pohl 등 2007). 순환성은 반복적인 연구과정을 설명하는 또 다른 방법으로, 연구자들이 프로세스의 어느 지점에서 새로운 통찰을 얻으면 앞부분으로 다시 돌아가 데이터를 점검하는 것이다. 폴 등은 이를 다음과 같이 설명했다.

순환성(또는 반복)은 필요에 따라 프로젝트의 단계들이 여러 번 반복될 수도 있음을 예견하는 것이다. 그래서 일차적 결과의 잠재적 한계나 불확실성은 학습의 수단이 된다. 순환성은 연구 프로세스의 모든 단계에서 중요하다(2007, 22-23).

순환성의 원칙을 적용함으로써 연구자들은 경직된 연구 전략을 피하고 추가적인 학습에 의해 보강되는 살아 있는 연구 설계를 구축할 수 있다. 크림스키(2000)는 초학제적 방법론은 반복적인 커뮤니케이션과 비평, 공개, 평가, 보고를 필요로 한다고 제안했다. 폴 등은 다음과 같이 순환성에 대한 논의를 이어간다. "순환적 설계는 중간 결과를 가지고 작업하면서 비판적 평가를 통해 그것을 더욱 발전시키는 유의미하고 실용적인 방법이다"(Pohl 등 2007, 43). 이것은 순환성이 성찰을 유도한다는 뜻이다(Pohl 등 2007).

지난 수십 년간 질적 연구와 관련하여 순환성이 유행어가 되었으나, 실제로 성찰을 "하는" 방법보다는 그것의 철학적 중요성에 훨씬 더 많은 관심이 부여되고 있다. 반복적인 연구 프로세스를 채택함으로써 연구자들은 유연성 및 혁신과 함께 성찰의 원칙을 실천할 수 있다. 맥마이클은 초학제성이 "개방적이고, 유동적이며, 성찰적인 프레임워크"라고 규정한다(2000, 218). 따라서 초학제적 연구 프로젝트들이 각기 다른 "모양"을 취하여 서로 매우 달라 보이지만, 총체적이고 시너지적인 접근법들을 공유하며, 유동성과 혁신을 필요로 하고, 성찰을 증진하는 반응적 방법론을 따른다.

표 3.1 총체적 및 반응적 접근법의 요약

연구 설계에 대한 총체적 접근법
1. 문제를 총체적으로 (전체로써 포괄적으로) 고려한다.
2. 총체적 또는 시너지적 연구 프로세스(모든 단계가 서로 통합되어 있다)
진화적 또는 반응적 방법론
1. 사이클을 이루는 반복적 프로세스
2. 순환성 원칙을 따른다.
3. 새로운 학습 내용이 지속적으로 적용되도록 유동성과 혁신을 필요로 한다.
4. 반복적인 커뮤니케이션/성찰을 필요로 하기 때문에 성찰성을 증진한다.

연구 설계: 기획

앞서 검토한 바와 같이, 연구 설계와 관련한 결정은 연구 주제와 목적 및 질문과 연관하여 이루어져야 한다. 문제 중심적인 연구 설계란 "연구 단계의 순서와 각 단계에 할애된 자원의 양이 해당 문제의 유형 및 지식의 상태에 따라 결정된다"는 것을 의미한다(Hadorn 등 2008, 19). 윅슨 등(2006)은 프로젝트를 개발할 때 다음과 같은 설계상 특징들을 고려해보도록 제안한다(다시 말하지만, 이것이 규범은 아니다).

1. 반응적 목표들(정교화되고 변화하는 목표들)

2. 포괄적인 준비(여러 학제들의 이론과 문헌)

3. 진화하는 방법론

4. 중요한 결과("다수의 어젠다를 충족시키면서" 문제의 해결에 기여한다)[p. 1057]

5. 효과적인 커뮤니케이션

6. (개인적 성찰과 더불어) 집단적 성찰(pp. 1056-1057)

또 전통적인 순차적 연구 전략과 달리 초학제적 프로젝트에서는 연구 단계들이 반복적으로 진행된다(Hadorn 등 2008).

어떤 유형의 프로젝트를 개발하든지 간에 나는 가장 주의를 기울여야 할 부분이 시간이라고 생각한다. 초학제적 연구 프로젝트를 설계하는 일은 매우 복잡하기 때문에 아이디어의 선별, 초기 문헌 조사, (필요 시) 협력적 기획, 연구 전략 개발에 충분한 시간을 할애하는 것이 중요하다. 아이디어(그리고 필요 시 협력의 원칙들)를 개발하도록 독려하는 일은 매우 중요하며, 결코 간과하거나 서둘러서는 안된다.

연구 가능한 주제들

한 번은 동료 한 명이 자신은 가장 중요한 것을 연구할 수 있는 것이 아니라면 왜 연구를 하는지 모르겠다고 말했다. 나는 가치 있는 연구 프로젝트에 참여할 기회가 셀 수 없이 많고, 또 우리가 중요도에 따라 위계를 만들 필요는 없다고 보기 때문에 그 생각에 동의하지는 않지만 그 마음은 이해한다. 초학제적 접근법을 통해 우리는 그동안 우리가 접근하기 어려웠던 많은 주제들을 연구할 수 있고, 보다 총체적으로 또는 포괄적으로 그러한 주제들을 다룰 수 있다. 그래서 (학제적 비전과 역량을 넘어서는) 가능한 연구 주제의 범위가 크게 확장된다.

초학제적 접근법은 일반적으로 문제 중심적인 연구 주제들에 사용된다. 또 이상적으로는 도덕적, 윤리적, 사회적 의무에 따라 그러한 연구가 추진된다. 현실세계의 요구/필요를 충족시키기 위해, 그리고 사회변화를 가속화하는 데 필요하고 유용하며, 그러한 잠재력이 있는 지식을 구축할 목적으로 연구 주제가 선택된다. 초학제성을 통해 우리는 크고, 복잡하고, "중요한" 문제들을 연구할 수 있다. 초학제성은 중요한 연구를 수행하기 위한 접근법을 제공한다. 연구 주제를 선정할 때 고려해 볼 만한 몇 가지 질문들을 나열하자면 다음과 같다.

- 이것이 현실세계에서 중요한 문제인가?
- 이 주제에 관한 지식이 필요한가?
- 이 주제를 연구해야 하는 도덕적 또는 윤리적 의무가 있는가?
- 이 주제에 관한 지식이 유용할 것인가?
- 사회를 변화시킬 잠재력이 있는가?

연구자들은 지역사회나 사회 전반에서 시급성이 요구된다고 (자신이) 생각하는 문제, 연구 기금을 받을 수 있는 기회나 프로젝트에 협력해달라는 요청, 사회적으로 중요한 주제에 대한 오랜 관심 등 다양한 이유로 주제를 선정할 수 있다. 초학제적 연구 주제들은 또 "장소"site를 중심으로 조직될 수도 있다. 이것은 학제들이 혼합되고 (Krimsky 2000) 성격상 초학제적일 가능성이 있는 개념적 공간이다. 크림스키는 이 개념을 다음과 같이 정의한다.

1. 도심 공동체 또는 공장과 같은 공간, 2. 공통된 경험을 갖고 있는 집시와 같은 공동체, 3. 약물 남용처럼 물리적 환경과 여러 다른 형태의 인간적 경험을 넘어서 확장되는 구체적인 개념적 장소, 4. 인종 문제 또는 토착민들의

권리/토지소유권에 대한 논쟁과 같이 특정 사안의 해석을 놓고 서로 다른 집단들이 갈등하는 담론적 장소 … 장소는 학제들이 모여 다양한 관점을 바탕으로 분석을 하는 공간이다. 그 장소의 중심부에서 우리는 제기된 문제들을 정의하고, 팀의 목적과 목표를 생성한다(2000, 232).

여러 "장소들"이 중첩되어 해당 연구 주제의 중심을 만들 수도 있다.

연구 목적과 질문

일반 주제를 선택하면 구체적인 연구 목표를 결정하고, 이어서 그러한 목표를 달성할 수 있는 연구 질문들을 개발하는 것이 중요하다. 사회연구가 대체로 그렇긴 하지만, 초학제적 연구에서는 주제의 복잡성과 문헌 조사나 다른 연구자/실천가/지역사회와의 협력 필요성에 따라 그 프로세스가 더 복잡하고 시간이 많이 소요될 수 있다. 적절한 질문들을 만들기 위해 집중적인 학습이나 훈련이 필요할 수도 있다.

초학제적 접근법을 사용하면 그렇지 않을 때보다 새로운 연구 질문을 많이 하게 된다. 연구 주제의 범위와 복잡성으로 인해 초학제적 연구에서는 연구 질문들을 찾아 구조화하는 일이 특히 더 까다롭다(Pohl 등 2007). 최대한 해당 문제와 관련한 현실세계의 복잡성을 포용하고 따르고자 하기 때문에 학제적 연구와 달리 초학제성은 이러한 복잡성을 감소시키지 않는다(Pohl 등 2007). 클라인은 초학제적 연구에서는 "질문들의 다차원적인 프레임워크가 핵심적인 방법론적 도구"(2000, 8)라고 지적했다.

폴과 헤이돈은 초학제성이 다음과 같은 세 가지 유형의 질문을 다룰 수 있는데, 각 유형은 세 가지 다른 유형의 지식과 연관된다고 설명한다.

1. 문제의 기원과 발전 가능성에 대한 질문들, 그리고 문제와 관련한 현실세계에서의 해석에 관한 질문들(이 질문들은 "시스템 지식"systems knowledge을 생성한다)

2. 변화의 필요성, 바람직한 목표, 보다 나은 관행들을 결정하고 설명하는 것과 관련한 질문들(이 질문들은 "목표 지식"target knowledge 을 생성한다)

3. 기존의 관행을 바꾸고 바람직한 관행을 도입하기 위한 기술적, 사회적, 법적, 문화적 수단 및 기타 가능한 행동 수단에 관한 질문들(이 질문들은 "변형 질문"transformation knowledge을 생성한다) (2007, 36)

폴과 헤이돈은 "이 세 가지 지식 유형 간의 상호의존성"(p. 38)을 지적하는데, 그렇기 때문에 프로젝트가 이러한 유형의 질문들과 결과적 지식들을 혼합할 수 있다.

초학제적 프로젝트에서 흔히 그렇듯이, 협력적으로 일할 때는 연구 질문들에 대한 합의가 이루어져야 한다. 또 연구가 지역사회를 중심으로 할 때(즉, 관련 지역사회의 욕구와 관련된 것일 때)는 "연구 질문들에 대한 지역사회의 합의도 얻어야 한다"(Greckhamer 등 2008, 318). 이러한 프로젝트에서는 연구 질문들이 매우 협력적인 환경에서 개발되어야 한다. 연구자들만의 팀으로 구성되었거나 연구자와 지역사회가 협력하거나 간에 모든 유형의 연구 협력에서는 궁극적으로 상호 도움이 되는 방식으로 질문들을 다루어야 한다. 폴(2005)은 그 프로세스가 "상호 학습"이 되어야 한다고 제안한다(p. 1161). 초학제성이 전진적인 사고를 증진하기 때문에 연구는 기존의 연구를 더욱 발전시키거나 우리가 가진 지식의 공백을 메울 수 있어야 한다. 그렉헤이머 등은 다음과 같이 말했다. "학계에서 수용 가능한 연구 질문들이란 이전 학자들의 연구를 지속하고, 기존 문헌에 기여하며, 해당 지역사회의 관할에 속하는 지식 영역 안에서 중요성을 갖는 것들이다"(2008, 318).

다음은 연구 목적과 질문들을 개발할 때 고려해 볼 만한 질문들이다.

- 어떤 유형의 지식을 추구하고 있는가?
- 원히는 지식을 얻으려면 질문들이 어떻게 구성될 수 있는가?
- 이 연구는 해당 주제에 대한 현재의 지식을 어떻게 확장할 수 있는가?
- 이 연구가 해당 주제에 대한 우리 지식의 공백을 메울 것인가?
- 관련 이해관계자/파트너들(예. 연구자, 지역사회 구성원들)이 연구 질문들에 합의했는가?
- 이 연구 질문들에 대한 답을 찾는 것이 관련 이해관계자/파트너들에게 도움이 될 것인가?

초학제적 문헌조사

어느 연구 프로젝트에서나 문헌조사의 목적은 해당 주제에 대해 어떤 연구가 이미 진행되었는지를 알아보는 것이다. 기존 연구는 프로젝트 범위의 결정, 주요 용어의 규정, 데이터 해석 등을 포함하여 다양한 측면에서 도움이 될 수 있다. 문헌 조사는 해당 주제에 대한 현재의 (그리고 대표적인) 연구들을 찾고, 요약하고, 합성하는 과정으로 구성된다. 초학제적 연구 프로젝트에서는 여러 관련 분야의 문헌을 찾아봐야 하기 때문에 이 과정이 훨씬 더 복잡하다. 연구자는 그러한 문헌들을 탐독하고, 그들의 언어를 배우고, 필요할 때는 다른 사람들의 전문성도 구해야 한다. 다수의 학제 영역에서 관련 문헌을 찾아야 하기 때문에 그러한 문헌의 "재고"를 조사하는 과정만도 오랜 시간이 걸릴 수 있고, 이러한 프레임워크를 구축하는데 상당한 시간을 할애해야 한다(Darbellay 2008). 다벨레이는 각 관련 학제의 범위를 넘어서는 것이 무엇인가를 조사하고, 시너지가 생성될 수 있는 부분을 찾으라고 제안한다. 문헌을 합성하는 일도 학제적 문헌조사의 경우보다 더 복잡하다. 1982년에 밀러Miller가 제안한 것처럼, 초학제적 프로젝트에서는 학제성을 초월하는 총체적인 개념적 프레임워크를 생성해야 하는데, 나는 이때 문헌조사가 도움이 된다고 생각한다. 초학제적 문헌조사를 수행하는 과정은 다음과 같은 단계들을 필요로 한다.

1. 관련한 학제적 지식을 결정한다.
2. 각 학제에서 관련 문헌(현재 및 대표적 연구들)을 찾아 요약한다.
3. 각 학제의 범위를 넘어서는 것이 무엇인가를 결정한다.
4. 여러 다른 학제적 자원들 간에 존재하는 기존의 시너지를 찾는다.
5. 여러 다른 학제적 자원들 간에 가능한/새로운 시너지를 찾고 만들어낸다.
6. 문헌을 합성하여 프레임워크를 구축한다.

선행 과정에서 연구 파트너들 간에 집중적인 협상이 필요할 수도 있다는 점을 인식하자.

연구자들은 다른 패러다임적 관점으로 수행된 연구들을 다룰 가능성이 있고, 또 서로가 매우 다른 개념적 프레임워크를 사용할 수도 있다. 문헌을 바탕으로 주요 용어를 규정하는 일은 초학제적 프로젝트에서 가장 중요한 과정 중 하나이다. 다수의 서로 다른 학제적 관점들이 뒤섞이기 때문에 이 과정이 매우 어려울 수 있다. 또 (프로젝트에 따라서는) 문화적으로 민감한 정의들도 다루어야 한다. 그래서 예를 들어 지역사회 기반 연구에서는 지역사회 파트너와 연구 참가자들(또는 지역사회 구성원들)이 참여하는 협력적인 환경에서 주요 용어와 개념들이 규정되어야 한다. 용어들은 관련 지역사회의 의견 또는 관련 개념들에 대한 지역사회의 생각을 반영해야 한다. 다양한 문화적 관점들이 프로세스에 반영되는 초문화적 또는 초국적 연구에서는 이것이 더욱 어려워진다.

이와 관련한 아주 좋은 예기 "가구, 젠더, 연령 프로젝트"The Household, Gender, and Age Project라 불리는 초학제적 연구이다. 거대 사건이 가족과 여성에게 끼치는 영향을 10년에 걸쳐 8개국에서 조사한 이 초문화적 프로젝트는 매우 복잡했다. 이 프로젝트는 (아프리카, 유럽, 북미라는) 서로 다른 지역 출신의 세 학자가, 유엔대학교United Nations University가 개발 등 주요 현안을 다루기 위해 조직한 프로그램자문위원회에 참여하면서 시작되었다. 세 연구자는 곧 이 위원회가 몰성적gender-blind이며, 노동력은 곧 남성이라는 가정을 갖고 있다는 사실을 깨달았다(Boulding 1991, xi). 간단히 말해서 여성이 제대로 포함되지 않고 있었다. 엘리즈 보울딩Elise Boulding은 다음과 같이 적었다.

나와 노르웨이의 웬치 바스 에이드Wenche Barth Eide 그리고 케냐의 프레데 샬레Frede Chale는 변화의 동력으로서 다르면서도 중첩되는 역할과 책임과 기여를 갖는 여성과 남성에 대한 차별화된 의식이 어떻게 개발 모델에 포함될 수 있을까를 고민했다. 우리는 거시적 현상을 일상의 미시적 현실과 연관시키는 문제를 고려했다. 우리는 여성들을 가시화시킬 수 있는 관점을 찾고자 했다 … 거기에 대한 답은 가구였다. 그것은 모든 문화적 다양성 속에서 자손을 낳고 기르는 인간의 기본적인 생활 단위이자, 공동체와 사회를 구성하고 변화시키는 모든 과업에 개인들이 참여하는 기반이다. 가구 안의 사람들을 본다는 것은 각 구성원을 개인으로서, 재생산과 생산의 원천으로서, 그리고 변화에 대한/변화를 위한 저항으로서 보는 것이다. 그것은 여성과 남성, 아이와 노인을 서로 간에 그리고 공동체와 연관지어 보는 것이다(Boulding 1991, xi).

처음부터 분명히 이 프로젝트는 문제 중심적이었다. 개발도상국에서 진행되는 장기적인 개발 연구에 여성을 포함시키는 문제를 모든 연구과정의 중심에 놓은 이 프로젝트에서 연구자들은 초기 기획부터 연구 결과의 발표에 이르기까지 모든 면에서 초학제성의 원칙을 따랐다. 이 연구팀은 정책에 영향을 끼침으로써 정책 기획 단계에서 여성들의 상황이 제대로 반영될 수 있도록 하고자 했으며(Boulding 1991), 여성들의 욕구에 대해 무지할 가능성이 높은 국내외 정책결정자들을 주요 대상으로 삼았다(Masini 1991).

10년에 걸쳐 다수의 개발도상국에서 수행된 이 프로젝트를 여기서 상세히 설명하기란 어렵다. 그러나 이 연구팀이 전체 프로젝트와 하위 연구 프로젝트들을 개발한 과정은 적절한 개념적 구조를 구축하기 위해서 다수의 연구팀들이 어떻게 협력할 수 있는가를 잘 보여준다. 무엇보다도 이 프로젝트는 특히 서로 다른 문화적, 학제적 관점들을 프로젝트에 통합시키는 문제와 관련하여 초국적 연구의 어려움을 보여주는데, 또한 동시에 어떻게 초학제적 접근법이 이것을 가능하게 하는가도 보여준다. 이 연구팀은 적절한 초학제적 접근법

을 개발하는 데만 1년이 걸렸다(이것은 기획 단계의 중요성을 보여준다). 이 접근
법은 역사학적, 사회학적, 인구학적, 민족학적, 통계학적, 수학적 분
석을 포함하며, 생애주기 접근법을 포함한 다중 방법 및 혼합 방법
설계들을 이용했다(Masini 2000).

첫 해에 경험한 어려움 중 하나는 8개의 다른 문화적 환경에서
통용될 수 있도록 초학제적인 방법으로 "가구"를 정의하는 것이었
다. 여기서 학제적 문제와 문화적 문제가 동시에 부상한다. 전자의
경우에는 연구자들이 협력하여 다음의 관점에서 "가구"를 보았다.

> 수입이라는 측면에서 경제적 관점, 가구원의 수라는 측면에서 사회학적 관
> 점, 가족 내의 상호관계라는 측면에서 심리학적 관점, 가구의 변화라는 측면
> 에서 역사학적 관점, 공동거주라는 측면에서 인류학적 관점(Masini 2000, 122).

여러 환경들 간에 "가구"에 대한 문화적 이해가 어떻게 다른가
를 고려하는 것도 마찬가지로 중요했다. 따라서 가구(공동거주)에 대한
서구의 통상적인 개념을 고려하는 것 외에 연구팀은 친족, (경제적 또는
보육 의무 등) 거주 구성원들에 대한 비거주 "가구" 구성원들의 의무 등
과 같은 가구에 대한 다른 문화적 관점들도 포함시켰다(Masini 1991).

서로 다른 분야의 문헌들과 다양한 참여자들의 관점 간에 균형
을 잡는 일이 쉽지는 않지만, 세심하게 이루어졌을 때는 연구자들이
추구하는 사회적 삶의 차원들을 연구할 수 있는 매우 효과적인 개념
들을 얻을 수 있다.

이 연구팀은 또 개별 연구자들이 지닌 학제적/실용적 기술들과
함께 그들이 갖고 있는 내부자로서의 문화적 지식을 존중하고 포함
시키는 일이 중요하다고 보았다. 그래서 각 국가에서 진행할 개별적

인 연구 프로젝트를 구축하고 해당 국가의 연구를 주도할 주 연구자 또는 연구팀을 구성하여, 결과적으로 총 8개의 하위 프로젝트가 마련되었다. 이 8개의 연구는 모두 독립적이면서도 하나의 큰 다문화적 종단 연구의 한 부분으로 포함된다.

각 연구팀은 해당 국가에서 거대 사건이 가구 특히 여성들에게 영향을 끼치는 방식을 조사했다. 여기서 고려된 문제들은 관련 국가들로의 이주, 경제적 변화, 기술적 변화, 생태적 변화, 노동참여율, (출산율과 섹슈얼리티를 포함한) 가족계획, 교육, 사회경제적 조건, "가내 권력 구조", 거대 변화에 의해 심리적인 경험 수준이 영향을 받는 방식 등이었다. 8개 연구 프로젝트 각각은 해당 연구 지역과 관련된 거시적 사건(들)에 초점을 맞췄다. 예를 들어, 케냐의 연구 프로젝트는 농업 중심 국가인 케냐의 주요 작물을 생산하는 차와 커피 플랜테이션에서의 변화에 초점을 맞췄다(Masini 1991). 이 연구의 초점은 "오늘날의 플랜테이션 경제에 통합된 단위로써 가구의 역할"이었다(Masini 1991, 14).

각 연구팀은 또 적절한 방법론적 전략을 결정했다. 그래서 모(母) 프로젝트에 여러 가지 다른 연구 설계 전략들이 포함되었다. 케냐 연구의 경우에는 혼합 방법 전략이 사용되었다. 이 팀은 다수의 양적 설문지들과 더불어 체계적 관찰과 질적 인터뷰를 포함한 필드워크를 이용했다. 연구팀은 우수한 양적 설문지 구성의 방법론적 원칙들을 따라 설문지들을 사전 테스트하고 수정하여 연구 참가자들이 이해할 수 있는 방식으로 원하는 데이터를 얻을 수 있게 했다. 데이터는 (역사적 관점과 사회변화 관점이 드러나도록) 각각 60년 이상 된 3개의 차/커피 플랜테이션에서 수집되었다. 연구자들은 이 연구를 수행하기 위해 플랜테이션의 경영진과 여러 차례 협상을 했다. 2-3시간 지속된 세션

들을 통해 여자 400명, 남자 200명 등 총 600명의 참가자들을 인터
뷰했다. 연구의 중요성을 고려하여 몇몇은 작업시간 중에 인터뷰를
하도록 허용되었으나, 다른 참가자들은 하루 일당을 잃었다(연구 결과에
대한 논의는 Agadala 1991 참조).

"가구, 젠더, 연령 프로젝트"는 시급한 초국적 사회문제에 대응
하기 위해 개발되었다. 매우 다양한 연구자들이 당면 문제를 중심으
로 조직되었고, 각자의 다양한 학제적, 실용적, 문화적 지식을 프로
젝트에 가져왔다. 이 프로젝트의 성공은 서로 다른 환경에서 통용될
수 있는 연구의 개념적 구조를 설계하는데 충분한 시간을 할애하고,
구체적인 문화적 사안들을 연구의 중심에 놓아 거기에 따라 방법론
들을 개발하도록 한 결과다.

역할분담

협력적 연구 또는 팀 연구에서는 기획 과정의 일부로써 업무와
역할, 기대, 책임을 명료하게 규정하는 것이 중요하다(단독으로 연구를 수
행하여 프로젝트의 초학제성이 연구자 1인이 갖고 있는 자원과 프레임워크에 의존한다면, 이 절은
건너뛰어도 좋다). 이 과정은 두 가지 차원으로 구성된다. 하나는 역할분
담을 결정하는 것이고, 다른 하나는 초학제적 협력을 위한 환경을 구
축하는 것이다.

역할분담에서는 역할과 기대를 규정하는 과정을 서두르지 말아
야 한다. 팀원들이 작업할 수 있는 튼튼한 기반을 구축하는 일이 매
우 중요하기 때문이다. 이 과정에서 팀원들은 자신들의 (협력적으로 결정
된) 목표와 관련하여 취할 단계들을 분명히 규정해야 한다(그리고 필요 시
검토, 반복, 수정을 위한 시간을 할애해야 한다). 개인의 역할과 책임을 결정하는

일이 중요하며, 연구팀은 다음과 같은 질문들에 답해야 한다.

- 해야 할 일이 무엇인가?
- 누가 무엇을 언제까지 할 것인가?
- 팀원들은 서로를 어떻게 지원할 것인가?

협력적 연구이지만 프로젝트의 리더십 구조를 결정하는 일도 중요하다. 일이 제대로 진행되도록 관리할 책임자나 책임집단이 있으면 도움이 된다. 또 여러 가지 이유로 어떤 팀원들은 다른 사람들보다 일을 더 많이 하게 될 수도 있다. 역할분담과 리더십 구조에서 이것을 적절히 고려해야 한다. 리더십 구조를 기획할 때는 의도하지 않더라도 개인이나 학제적 "권력"이 개입할 수 있다. 열린 소통과 성찰은 (연구자와 지역사회 구성원 간, 자연과학과 사회과학 간, 자연과학과 인문학/예술 간 등) 의도치 않게 통상적인 권력관계가 반복되는 것을 막는데 도움이 된다.

마지막으로, 각 구성원의 역할을 결정할 때는 연구 결과에 대해 합의하는 것이 중요하다.

- 기대되는 결과는 무엇인가?
- 연구 결과는 어떻게 발표하고 전달할 것인가?
- 다수의 결과들이 있을 것인가?
- 무엇을 공동 저자로 하며 그것을 어떻게 할 것인가?
- 무엇을 단일 저자로 하며 그것을 어떻게 할 것인가?
- 단일 저술 또는 공동 저술 논문에서 팀 작업은 어떻게 구분할 것인가?
- "공동의" 데이터는 무엇이며 특정 팀원에게 "속하는" 데이터는 무엇이고 그 이유는 무엇인가?

이 단계는 역할분담을 결정하는 시간일 뿐 아니라 팀원들이 서로에게 그리고 서로의 학제적 관점(또는 기타 경험적 전문성)에 익숙해져서

앞으로 프로세스가 진행될 모습에 대해 어느 정도 공통된 이해를 구축할 수 있는 생산적인 공간을 만드는 시간이기도 하다. 그래서 연구 파트너들이 자신의 관점을 예민하게 성찰하고, 자신의 가정에 의문을 제기하여 초학제적 비전의 가능성을 충분히 수용하도록 도울 수 있다. 프로젝트에 따라서 이 과정에는 연구자, 실천가, 지역사회 구성원, 연구 참가자들이 참여할 수 있다. 기획 단계에서는 서로 다른 관점과 경험을 프로젝트에 가져올 구성원들이 "방법과 작업 스타일, 인식론"상의 차이를 좁힐 방법을 찾는 것이 필수적이다(Klein 2004, 520). 따라서 이 기간은 다양한 방식으로 팀을 구축하고, 라포rapport를 형성하고, 다양한 학제들에 대해 학습할 수 있는 기회를 제공한다. 팀 작업에서는 언어와 소통이 필수적이다. 연구 파트너들이 각기 다른 학제 언어를 사용하기 때문에, 이 프로세스를 통해 공통의 이해를 개발하고, 주요 개념들을 규정하고, 효과적인 소통법들을 구축하는 것이 중요하다. 기금 지원을 받는 연구의 경우에는 기금 구조에서 기획 단계와 팀 구축에 충분한 시간을 배정해야 한다. 또 일부 참가자들이 지역단체에서 일하거나 지역 주민들인 경우에는 그들이 이 단계에서 참여할 수 있는 역량(시간/재정)을 미리 고려해야 한다.

연구 파트너 또는 참가자들의 모집과 교육도 이 단계에서 계획되어야 한다. 일례로, 연구자들은 자신의 기존 경험과는 다른 양적/질적 연구법의 원칙들에 대해 학습해야 할 수도 있다. 또 비구조화된 인터뷰를 수행하거나 포커스 그룹 인터뷰를 진행하는 방법을 배워야 할 수도 있다. 자신이 익숙하지 않은 컴퓨터 데이터 분석을 이용하는 방법을 배우거나, 특정 지역단체의 운영 방식, 특정 장르의 예술 제작 과정, 또는 자신이 익숙하지 않은 기타 기술들을 익혀야 할 수도 있다. 모집과 교육의 문제는 지역사회 중심 연구에 관한 다음 장에서 보다 자세히 논의할 것이다.

연구 설계: 데이터 수집

초학제적 연구는 문제 중심적 접근법을 특징으로 한다. 따라서 연구 방법(데이터 수집에 사용되는 도구들)은 언제나 해당 문제와 관련하여 선택된다. 그리고 적절한 데이터의 유도 또는 생성과 관련한 유용성을 고려하여 선택된다(Hesse-Biber & Leavy 2011). 본질적으로 초학제적인 방법이란 없다. 초학제성은 연구에 대한 접근법이다. 사례 연구, 인터뷰, 설문조사, 실험, 민족지, 문서 분석, 역사적 비교연구, 포커스 그룹, 구술사oral history, 생활사 등과 같은 전통적인 학제적 방법들, (질적 패러다임과 양적 패러다임의 원칙들을 혼합한) 하이브리드 방법hybrid method, (예술 기반 연구와 같이) 여러 학제를 아우르는 혁신적 방법 등, 사용할 수 있는 방법이나 방법의 조합들에는 제한이 없다. 초학제적 연구법은 전통적인 혼합형 방법 설계를 넘어서는 방법론적 혁신을 유도할 수 있고 (또 종종 그러한 결과를 낳는다) 새로운 연구 전략을 만들어내기도 한다. 요약하자면, 초학제적 프로젝트는, 다음과 같은 방법들을 포함하여, 이용하는 방법의 수와 방법적 설계에 제한이 없다.

- 전통적인 양적 또는 질적 방법
- 하이브리드 방법
- 범학제적cross-disciplinary 방법
- 다중 방법
- 혼합 방법

여기서 초학제적 연구에서 전통적인 학제적 방법들을 이용할 수 있다고 설명하고는 있지만, 그러한 방법들이 초학제적 접근법을 통해 적용되면 더 이상 "학제적"이지 않다는 점을 인지하는 것이 중요하다. 다시 말해, 학제적 연구 프로젝트에서 설문조사나 인터뷰가 이용되지만, 그 관점과 접근법이 초학제적이라면 같은 연구 방법(설문조사나 인터뷰)이라도 매우 다른 방식으로 이용된다.

니콜레스쿠는 이렇게 말했다. "초학제적 방법은 각 학제의 방법론을 대체하는 것이 아니다. 대신, 학제적 방법으로는 얻을 수 없는 새롭고 중요한 통찰을 가져옴으로써 각각의 학제를 더욱 풍요롭게 한다"(2002, 122).

방법론적 혁신이 매우 풍부하다는 사실은 학계 내에서 널리 알려져 있다(Hesse-Biber & Leavy 2006, 2008; Leavy 2009; Van Manen 2001 참조). 일례로, 반 메이넌Van Manen은 "연구자들은 이제 전통적인 학제 기반의 방법론과 방법들을 훨씬 넘어선 방법과 접근법들을 이용하고 있다"고 하였다(2001, 851). 초학제적 사안들은 여러 방법론적 혁신들을 촉진했으며, 초학제성은 동시에 그러한 혁신들이 나타날 수 있는 환경을 제공했다.

이제 일반적으로 사용되는 방법적 혁신의 사례와 더불어, 혼합 방법과 다중 방법 설계 그리고 하이브리드 연구설계에 대해 간략히 살펴보겠다.

혼합 방법 또는 다중 방법

초학제적 프로젝트는 일반적으로 하나 이상의 방법을 필요로 한다(물론 반드시 그래야 하는 것은 아니다). 따라서 많은 초학제적 프로젝트가 하나 이상의 데이터 수집 방법을 포함하는 혼합 방법이나 다중 방법 설계를 따른다. 초학제적 프로젝트의 경우에는 연구 대상인 문제가 복잡하고 다면적이기 때문에 흔히 여러 가지 방법을 사용할 필요가 있다. 초학제성은 이러한 복잡성을 줄여주지는 않지만, 우리가 그것을 보다 잘 보고 조사할 수 있도록 도와준다. 또 연구 결과물의 타당성과 신뢰성을 구축하기 위해 삼각화triangulation를 이용하는 경우가 많다(Connor, Treloar & Higginbotham 2001).

혼합 방법 설계는 적어도 두 개 이상의 서로 다른 패러다임(흔히 양적 방법과 질적 방법)에 기반한 방법들을 이용하는 경우를 말한다. 예를 들자면, 설문조사와 심층 인터뷰 또는 통계적 분석과 질적 문서 분석, 또는 기타 여러 가지 조합들을 사용할 수 있다. 이러한 접근법들은 서로 다른 인식론적 및 존재론적 가정들에 기반한 방법론적 도구들을 혼합하는데, 흔히 (자연과학과 사회과학 등) 서로 다른 학제에서 온 연구자들이 협력하는 초학제적 프로젝트에서 발견된다. 삼각화 모델에서는 세 개 이상의 방법이 사용된다.

이 장의 앞 부분에서 설명한 "가구, 젠더, 연령 프로젝트"가 혼합 방법 연구의 좋은 예이다. 모(母) 프로젝트는 여러 연구 패러다임에 기반한 다양한 방법론적 전략들을 사용하고, 하위 연구들은 혼합 방법 설계를 이용했다. 일례로, 케냐의 차/커피 플랜테이션 연구는 양적 설문지와 질적 인터뷰를 함께 사용했다.

다중 방법 설계 역시 최소 두 개의 방법을 사용하지만, 패러다임적 관점을 혼합하지는 않는다. 그래서 다중 방법 프로젝트는 (민족지와 심층 인터뷰 등) 두 개 이상의 질적 방법 또는 (설문조사와 인구 데이터에 대한 통계적 분석 등) 두 개 이상의 양적 방법들을 사용한다. 이러한 프로젝트는 일반적으로 개인 연구자나 동일한 학제적 배경을 공유하는 (또는 학제는 다르지만 패러다임적 배경이 유사한) 연구자들에 의해 진행된다. 물론 언제나 그런 것은 아니며, 단순히 연구의 주제나 질문들로 인한 결과일 수도 있다.

일례로, 앞서 살펴본 헝가리 국민들의 건강에 관한 연구에서는 여러 다른 학제의 연구자들이 참여하고, 다수의 설문조사 프로토콜과 통계 데이터 분석을 포함한 6개 부분으로 구성된 방법론이 이용되었다(Piko & Kopp 2008). 이 연구에 (인터뷰, 포커스 그룹 또는 일지daily diary 연구와 같은) 양적 방법을 추가해서, 다중 방법 설계를 혼합 방법 설계로 바꿀 수 있다.

물론 초학제적 프로젝트에서 연구자들은 흔히 자신들의 '컴포트 존'comfort zone에서 벗어날 것을 주문받기 때문에('컴ᅲ트 존'에 대한 논의는 Hesse-Biber & Leavy 2006, 2008를 참조한다) 이러한 일반화는 하나의 관행이지 필요 조건은 아니다. 연구자들은 새로운 관점과 방법, 접근법들을 배우고자 하며, 그러한 훈련의 필요성이 연구 기금이나 설계 전략에 반영되기도 한다. 그러나 여러 초학제적 프로젝트에서는 학제성(그리고 그와 관련된 모든 교육과 전문성)이 큰 자산이 될 수 있기 때문에 연구자들은 자신이 이미 알고 있는 것을 새로운 방식으로 또는 새로운 맥락에서 실행할 것을 요구받을 수도 있다.

혼합 방법 설계와 다중 방법 설계가 이상적으로 구현되면 연구의 각 요소가 다른 요소들과 상호작용하는 총체적인 연구 접근법을 얻을 수 있다(Hesse-Biber & Leavy 2011; Hesse-Biber 2011). 즉, 단순히 더 많은 방법과 데이터를 합한 것이 아니라 각 방법이 다른 방법들에 시너지를 제공하게 된다(Hesse-Biber & Leavy 2011; Hesse-Biber 2011). 이것이 혼합 방법 연구의 이상적인 모습이지만, 그 잠재성이 충분히 발현되는 경우는 드물다. 대부분의 경우에는 방법들이 일련의 선형적 단계로써 사용되어 한 방법(패러다임)이 다른 방법(패러다임)보다 중시되는 경향이 있다. 일반적으로, 양적 데이터가 우선시되고 질적 데이터는 부차적인 역할을 하며 출판된 보고서에서 부속물이나 인용 자료로 사용된다. 나는 통합적, 총체적, 시너지적 접근법을 요하는 초학제성이 혼합 방법 설계의 잠재성을 훨씬 넘어설 수 있으며 혼합 방법 연구에 대한 총체적 접근법을 크게 증진할 수 있다고 생각한다. 다시 말해, 초학제적 관점은 혼합 방법 연구를 강화시킬 수 있다.

초학제적 연구에서는 방법들을 혼합시키는 장치로 이용할 수 있는 방법론적 전략들이 있다. 여기서 나는 "사회망 분석"과 "사례 확장 방법"extended case method을 예로 들고자 한다.

사회망 분석과 사례 확장 방법

"사회망 분석"과 "사례 확장 방법"은 공공정책과 같은 초학제적 주제들을 연구하기 위한 방법론적 혁신이다. 사회망 분석은 공공정책이 어떻게 사회(또는 사회의 측면)의 모양을 형성하는지를 조사하는데 유용한데, 미시적 또는 거시적 수준에서 데이터만을 수집하는 전통적 접근법들과 달리 사회망 분석은 여러 수준에서 정책을 조사하는데 사용할 수 있기 때문이다(Wedel, Shore, Feldman & Lathrop 2005). 웨델 Wedel 등은 이를 다음과 같이 설명한다. 사회망 분석은 "행위자들을 연결함으로써 지역적 수준이 국가적 수준과 어떻게 연결되는지 또는 지역이나 국가적 수준이 국제적 수준과 어떻게 연결되는지를 보여줄 수 있다"(2005, 40). 사회망 분석은 초국적 정책 과정의 조사와 같은 초학제적 연구에서 사용되는 (민족지, 인터뷰, 문서 분석 등을 포함할 수 있는) 다중 방법 연구 전략이다(Wedel 등 2005). 사회망 분석은 하나의 방법일 뿐 아니라 초학제적 연구 영역인 초국적 정책 과정들을 연구하는데 특히 유용한(Wedel 등 2005) "정향적 아이디어"orienting idea이다(Scott 1991,

37). 웨델 등은 공공정책 연구에서 초학제적 접근법이 필요함을 지적한다. "다층적이며 급속히 변화하는 세계에서 (지역과 세계 등) 수준과 (정부와 민간 등) 영역을 분석하고 연결할 수 있는 이론적, 방법론적 프레임워크가 갖는 가치는 아무리 강조해도 지나치지 않다"(2005, 41). 웨델은 "특정한 '사례'에 포함된 행위자들이 때로 서로 다른 위치에 있지만, 이들은 언제나 정책 과정이나 실제적인 사회망에 의해 연결된다"라고 설명한다(2005, 41). 이 접근법은 특정 정책에 의해 영향받는 사람들이 지리적, 문화적, 기술적, 경제적으로 분산되어 있는 세계화된 세상에서 더욱 중요하다.

하이브리드 연구 설계

초학제적 활동은 때로 하이브리드 방법론적 전략들을 발전시킨다(Leavy 2008; Porteous 등 2001). 이와 관련하여 클라인 등은 "기존의 접근법과 새로운 접근법들이 협력적인 방식으로 혼합되어 새로운 공간과 상호성의 문화를 만들어낸다"라고 썼다(2004, 44).

*양적 사례-대조법*qualitative case-control*과 대비집단 프레임워크*contrasting groups framework

포티어스Porteous, 히긴보탐Higginbotham, 프리맨Freeman과 코너Connor (2001)는 초학제적 연구에서 자주 사용되는 두 개의 "하이브리드 연구 설계"를 제안한다. 바로 "양적 사례-대조 설계"와 "대비집단 프레임워크"이다. 이 두 가지 설계는 특히 "비선형적 관계들을 조사"할 때 유용할 수 있다(Porteous 등 2001, 337). 이러한 접근법들은 양적 방법과 질적 방법의 장점을 혼합하여(Porteous 등 2001) 전통적인 혼합 방법을 넘어서는 하이브리드 테크닉을 만들어낸다. 질적 사례-대조법은 사례연구의 가능성을 확장한다. 포티어스 등은 사례-대조법의 주요 원칙을 다음과 같이 정리했다.

> 질병 상태(심장병 유무), 건강 행동(흡연 또는 비흡연, 자궁경부암 검사 여부) 또는 심리적 프로필(우울, 비우울) 등과 같은 다양한 범주를 사용하여 피연구자들을 사례군과 대조군으로 나눈다. 중요한 점은 사례군 즉 연구자가 주목하는 결과를 갖고 있는 집단은 그렇지 않은 집단(대조군)과 명확히 구분될 수 있다는 것이다. 그런 다음, 다양한 질적 테크닉들을 이용하여 두 집단과 관련된 사회문화적, 환경적, 기타 요소들을 충분히 탐색한다(Porteous 등 2001, 311).

이 연구팀은 "대비집단 프레임워크"를 다음과 같이 설명한다.

> 대비집단 설계에서는 합의된 성과 범주에 따라 설문조사에 참여하는 사람들에게 먼저 점수를 배정한 다음, 최소부터 최대까지 그 점수에 따라 순위를 매긴다. 그런 다음, 연구자는 순위의 상단과 하단으로부터 피연구자들을 선택한다. 그렇게 해서 이후 집중적인 질적 작업의 포커스가 될 두 개의 대비집단이 만들어진다. 피연구자들의 순위를 매기는 범주는 해당 분야의 선행 연구에서 유도하거나 연구자가 새로 만들 수 있다. 대비집단을 규정하는 방법에 관한 엄격한 규정은 없다(Porteous 등 2001, 321).

다시 말하지만, 이들은 여러 가지 가능성을 지닌 하이브리드 연구 설계의 한 예일 뿐이다. 여러 방법을 혼합하는 다른 형식들에서와 마찬가지로 초학제적 프로젝트에서도 이러한 설계들은 총체적이고 통합적인 접근법을 요한다.

포토보이스 Photovoice

다른 방법적 혼합의 원칙과 실천을 바탕으로 한 하이브리드 연구 방법들도 있다(기술적 과정으로 인해 이러한 테크닉들의 발전이 촉진될 수도 있다). 초학제적 연구에서 자주 사용되는 그러한 혁신 중 하나가 "포토보이스"이다. 포토보이스는 사회행동을 지향하는 다양한 초학제적 활동에서 흔히 사용된다. 이 참여적 방법은 참가자들이 사진을 찍어서 자신의 경험이나 상황 또는 환경을 기록하는 것으로, 다양한 연구 장르에서 사용될 수 있다. 포토보이스가 사용되는 프로젝트의 유형은 예술 기반 접근법에서부터 빈곤/개발과 같은 사회적 주제 및 보건 등의 주제에 관한 지역사회 기반 연구에 이르기까지 다양하다. 홀름 Holm(2008)은 포토보이스가 특히 공중보건 연구에서 인기가 있다고 설명한다. 지역사회 기반 연구에서도 포토보이스의 사용이 크게 증가하고 있는데, 참가자들은 사진을 찍어서 지역사회 개선캠페인 등에 사용할 수 있다(Berg 2007; Holm 2008). 이러한 맥락에서 포토보이스는 공공정책 작업의 한 부분으로 이용될 수 있을 것이다. 일례로, 포토보이스가 사회망 분석 프레임워크와 함께 사용되는 것을 생각해볼 수 있다. 나는 포토보이스가 사회행동 연구, 참여적 연구, 그리고 예술 기반 연구의 원칙들을 혼합하며, 다양한 초학제적 연구 맥락에서 유용하다고 생각한다. 왕 Wang(2005, www.photovoice.com/method/index.html)은 포토보이스를 이용한 연구를 설계할 때 다음과 같은 방법을 제안한다.

문제를 개념화하기, 보다 폭넓은 목표와 목적을 규정하기, 포토보이스 결과물 발표 시 정책결정자들을 청중으로 초대하기, 트레이너 교육시키기, 포토보이스 교육 실시하기, 사진 촬영을 위한 초기 주제(들) 구상하기, 사진 찍기,

그룹 토의 진행하기, 비판적 성찰과 대화, 토론용 사진 선택하기, 맥락화 및 스토리텔링 하기, 이슈와 주제 및 이론들을 부호화하기, 이야기들을 문서화하기, 형성적 평가 실시하기, 변화를 위해 동원할 수 있는 정책결정자/기부자/미디어/연구자 등 모집하기(Holm 2008, 330에서 인용).

어느 학제의 연구자든지 훈련을 통해 이 방법을 사용할 수 있으며, 다양한 연구 목적을 위해 여러 가지 초학제적 맥락에서 사용할 수 있다.

연구 설계: 분석, 해석 그리고 발표

분석과 해석, 발표의 문제는 6장 평가 전략에 대한 논의에서 보다 자세히 다루어질 것이다. 여기서는 문헌에서 자주 나타나는 몇 가지 일반적인 문제와 실천들을 살펴보고자 한다.

분석과 해석

데이터 분석 전략은 사용된 연구 방법에 따라 매우 다양하며, 거기에 따라 테크닉을 선택해야 한다. 양적 방법, 질적 방법 또는 혼합 방법을 사용한 연구라면 컴퓨터를 이용한 분석 프로그램들을 유용하게 이용할 수 있다. 다양한 이해관계자들을 포함하고 협력적으로 진행되는 초학제적 프로젝트라면 협력적 분석 전략을 이용할 수 있다. 초학제적 연구는 흔히 연구팀이나 개별 연구자들이 (실천가, 지역단체, 참가자 등) 다른 연구 파트너들과 협력하는 그룹 활동이다. 이러한 환경에서는 여러 연구 파트너들이 서로 다른 기술과 관점을 가지고 분석 과정에 참여할 수 있다. 이는 분석 프로토콜을 결정할 때 고려해야 한다. 분석 전략의 예로는 "분석 주기"analysis cycles(Tenni, Smith & Boucher 2003)라고도 불리는 1차 결과의 교차점검(여러 사이클로 반복될 수 있다)(Flinterman 등 2001),[3] 한 사람(팀)이 분석을 책임진 다음 분석한 데이터를 다른 연구 파트너들에게 회람하여 의견을 구하기, 연속적인 피드백 루프와 가정에 대한 반복적 점검(Flinterman 등 2001)을 들 수 있다. 이러한 전략들을 취하면 데이터의 타당성과 신뢰성을 구축하는 상호주관성intersubjectivity을 획득할 가능성이 있다. 초학제적 프로젝트에서는 "상호주관성"을 구축하는 일이 특별히 의미가 있다. 다양한 학제적 관점들이 모여 각자의 학제적 역량을 초월했다는 뜻이기 때문이다. 다시 말해, 상호주관성은 초학제적 연구의 주요 성과물 중 하나이다.

우리는 이 장의 앞부분에 소개한 "가구, 젠더, 연령 프로젝트"에서 상호주관성을 구축하는 과정을 보았다. 연구자들은 1년에 걸쳐 가구와 같은 주요 개념들이 다양한 문화적 맥락에서 통용될 수 있도록 공통된 정의를 내렸다. 지역사회 기반 연구에 관한 다음 장에서는 시카고의 지역개발과 인종분리에 관한 루크하트Lukehart의 대규모 연구 프로젝트에서 상호주관성을 다시 한 번 보게 될 것이다. 12명의 학자와 여러 전문가, 활동가, 일반인 참가자들로 구성된 이 대규모 연구 협력 프로젝트에서는 ("가구, 젠더, 연령 프로젝트"에서와 비슷하게) 연구 참가자들이 소규모 팀으로 나뉘어 각 팀이 연구를 하나씩 맡았다. 여러

---

3) 에곤 G. 구바Egon G. Guba와 이본느 S. 링컨Yvonne S. Lincoln은 "분석 사이클"과 유사한 "변증적 해석학dialectic hermeneutics"이라는 모델을 개척했다. "변증적 해석학"에 대한 자세한 논의는 구바와 링컨의 *Fourth Generation Evaluation*을 참조한다(Sage, 1989).

지점에서 이 팀들은 전체 그룹으로 돌아와 전략과 연구 결과에 대해 논의했다. 개인적인 "권위"를 버리고 피드백 루프에 참여함으로써 각 연구팀은 연구 결과에 대한 상호주관성을 구축할 수 있었다(이 연구 결과는 지역의 공공정책에 영향을 끼쳤다).

　연구자들이 분석 루프와 관련 전략에 참여함으로써, 엄격성이 높아지고 후에 그것이 입증될 수 있다. 엄격성은 흔히 사회연구에서 주요한 평가기준이 된다. 니콜레스쿠(2002)는 초학제적 관점의 세 가지 특징이 엄격성rigor, 개방성opening, 관용성tolerance이라고 했다. 여러 차례의 분석과 피드백 사이클을 진행함으로써 초학제성의 이러한 차원들을 증진할 수 있다. 니콜레스쿠(2002)는 다음과 같이 말한다.

> 엄격성은 … 새로운 지식과 새로운 경험들에 의해 지속적으로 보강되는 끊임없는 탐구의 결과이다. 초학제성의 엄격성은 과학적 엄격성과 성질이 같으나 언어가 다르다. 초학제성의 엄격성은 사물만이 아니라 존재들 그리고 다른 존재 및 사물들과의 관계까지도 고려할 정도로 과학적 엄격성이 심화된 것이라고 할 수 있다. 특정 상황에서 존재하는 모든 것들을 고려하는 것이 이러한 엄격성의 특징이다. 이 방법에 의해서만이 엄격성이 진정으로 가능한 모든 오류를 예방할 수 있다. 개방성은 미지의 것, 예기치 못한 것, 예측할 수 없는 것을 수용하게 한다(p. 120).

　진정으로 협력적인 분석 과정에서는 가정들에 의문을 제기하고 도전한다. 이는 어려운 과정일 수 있다. 이때 연구자들이 뛰어넘어야 하는 장애물 중 하나는 분석 과정을 독점하고자 하는 생각을 버리는 것이다. 프리쉬Frisch(1990)는 의미 형성 과정에서의 "소유권 공유"를 나타내는 말로, "권한의 공유"sharing authority라는 표현을 만들었다. 6

장에서 논의한 바와 같이, 반복적 프로세스 또는 "반응적 방법론"에 온전히 참여하는 것도 엄격성을 확보하고 데이터에 신뢰성을 구축하는 또 다른 방법이다. 따라서 연구자들은 자신들의 방법론이 얼마나 효과적으로 연구 질문들을 다루었는지를 신중하게 고려해야 한다. 6 장에서는 또 -일례로 예술 기반 연구의 목표가 될 수 있는- "활력"vigor과 같은 다른 기준들을 살펴볼 것이다.

요약하자면, 분석 전략들의 예는 다음과 같다.

- 컴퓨터를 이용한 분석 프로그램
- 일차적 연구 결과의 교차 점검
- 분석 사이클
- 한 그룹이 먼저 데이터를 분석하여 다른 연구 참가자들과 이해관계자들에게 회람하기
- (반복적 또는 "반응적" 접근법의 일환으로써) 지속적인 피드백 루프 및 가정의 재검토
- "권한의 공유"

데이터 해석에 대한 초학제적 접근법은 그것이 협력적 연구이든 개인적 연구이든 간에 다수의 문헌 집단을 사용하게 된다. (연구 설계에서 사용된 것과 같이) 초기에 실시한 집중적인 초학제적 문헌 조사가 해석 과정에서도 유용하게 사용된다. 데이터를 이해하기 위해, 여러 관련 영역들의 문헌들을 이용할 수 있다. 이 과정에서 거시적 수준의 이론들을 이용하여 미시적 수준의 데이터를 이해할 수 있고, 또 그 반대가 될 수도 있다.

데이터를 이해하기 위해 서로 다른 하제저 관점들을 가져오기 때문에 연구자들은 각자 자신의 학제적 관점에 대해 성찰적인 태도를 취하는 것이 중요하다. 여러 시점에서 큰 그림을 "보기" 위해서는

성찰이 필요하다. 협력적 프로젝트에서는 다른 해석들에 열려 있어야 한다. 존중과 열린 태도가 필요하고, "옳음"을 입증하기 위한 논쟁이 아니라, 대안적인 해석을 이끌어내고 자신의 비전을 확대하기 위한 수단으로써의 생산적인 논쟁과 협상이 중요한 자산이 될 수 있다. 탄탄한 해석과정은 연구 결과를 더욱 강화시킬 것이다.

요약하자면, 해석 전략들은 일반적으로 다음을 포함한다.

- 문헌을 이용한 데이터 해석
- 이론을 데이터에 적용하기
- 연구 파트너들 및 이해관계자들과의 협력, 논의 및 협상

해석 과정에서는 자신의 생각과 가정에 대해 자신의 학제적 관점이 어떠한 작용을 하는지를 끊임없이 성찰하는 것이 중요하다.

연구 결과의 발표와 전달

초학제적 연구의 목적은 유용하게 쓰이는 것이다. 즉, 현실 세계의 문제를 해결하기 위함이다. 따라서 연구 결과를 매우 제한적인 독자들이 읽는, 고도로 전문화된 저널에만 출판하는 통상적인 학술 출판 관행에서 벗어나는 것이 필수적이다. 대신, 초학제적 연구 결과는 접근 가능한 포맷으로 작성하여, 적절한 환경과 지역사회에 전달되어야 한다. 학술지에 논문을 발표하여 학계에서 선행 연구로 이용할 수 있도록 하는 것도 중요하지만, 전통적인 학술 논문이 유일한 방법은 아닐 것이다.

무엇보다도, 초학제적 연구는 (학계 내의 관련 청중들에 더하여) 다양한 청중과 일반인들에게 전달되어야 한다. 초학제적 프로젝트를 진행할 때는 우리가 기여하고자 하는 집단이 우리의 연구 결과를 접할 수

있도록 할 도덕적 의무가 있다. 학계 밖의 청중들에게 연구 결과를
제공하려면, 1) 새로운 발표 양식과 2) 새로운 전달 경로가 필요하
다.[4]

해당 주제가 이론적 수준에서 많은 논의를 거치는 동시에 학계
를 넘어서 연구 결과가 유용하게 사용되도록 하는 일은 학제 및 간
학제적 연구에서는 종종 간과되는 목표이다. 그러나 초학제적 연구
자들은 이와 관련하여 큰 진전을 이루었고, 연구 결과를 기술하여 전
달할 수 있는 다양한 새로운 방법들을 만들어냈다. 전통적인 연구 논
문을 넘어선 방법의 예를 몇 가지 들자면 다음과 같다.

- 신문기사(기고란 등)
- 팜플렛
- 소식지 및 기타 정보성 책자
- 게시판
- 라디오 방송
- 대중 강연(지역단체 및 기타 지역 내 장소에서)
- 컨퍼런스 발표(전통적 또는 혁신적 양식을 따를 수 있다)
- 책(학술 서적뿐 아니라 비소설 또는 소설 형식이 될 수 있다)
- 예술작품 설치/전시
- 사진작품 설치/전시
- 연극, 뮤지컬, 댄스 공연 등
- 시 창작 또는 낭송
- 소설화된 글쓰기(장, 단편)

---

4) 문헌에서 종종 등장하는 "대안적alternative", "실험적experimental"이라는 단어 대신
"새로운new"이라는 용어를 사용하였는데, 앞의 용어들이 유효성이 결여되었다는,
그래서 전통적인 또는 보편적인 양식보다 유효성이 떨어진다는 인상을 줄 수 있
다고 생각하기 때문이다.

- 다큐멘터리 영화
- 웹사이트 또는 비디오 일기

일례로, 지역사회 기반 연구에 관한 다음 장에서 나는 플로리다 주 흑인들의 암 질환 격차를 다룬 두 프로젝트를 살펴본다. 관련 지역사회에 기여하고 향후 연구를 보다 발전시키기 위해, 문화적으로 민감하고 문학적인 정보성 팜플렛, 지역 뉴스, 학술 논문 등 다양한 양식으로 연구 결과가 발표되었다.

발표 양식이 다양하면 (학술 저널을 넘어서) 여러 가지 다른 통로를 통해 연구 결과를 전달할 수 있게 된다. 예를 들자면 다음과 같다.

- 지역 신문
- 지역 라디오 방송
- 아트 갤러리
- 지역 공연장
- 교회 및 기타 지역 내 공간들
- 인터넷
- 시 및 문학 잡지
- 기타

플로리다주 암 연구의 경우, 연구자들은 지역 신문, 지역사회 공간(이발소) 등을 통해 연구 결과를 전달했다.

인터넷은 기존에 존재하지 않았던 수많은 "출판" 가능성을 만들어냈다. 일례로, 온라인 저널과 기타 온라인 포럼들은 사진이나 다른 시각적 자료들을 비교적 저렴하게 출판할 수 있도록 했다(그리고 디지털 카메라의 보편화로 이것이 더욱 쉬워졌다). 마찬가지로, 사운드 파일과 시청각 파일도 온라인에서 손쉽게 출판된다. 또 유튜브YouTube, 페이스북Facebook, 기타 무료(또는 저렴한) 웹사이트들을 통해 이전보다 훨씬 간단하면서도 훨씬 더 많은 사람들에게 연구 결과를 전달할 수 있다.

이처럼 새로운 또는 "대안적인" 발표 양식과 전달 통로들은 각 프로젝트의 목적에 맞게 선택되어야 한다. 적절한 발표 양식과 전달 통로를 결정할 때 다음의 질문들을 고려해보자.

- 누구에게 전달하고자 하는가?
- 대상 인구집단에게 가장 이해하기 쉽고, 정보를 잘 전달하며, 도움이 되는 "언어"는 무엇인가?
- 어떤 양식이 연구 결과를 가장 생생하게 보여줄 것인가? 여러분이 얻고자 하는 것은 무엇인가(격차 해소, 정형화된 이미지의 타파, 비판적 의식의 구축, 교육, 역량 증진 등)?
- 그러한 목적들을 달성하는데 어떤 양식이 가장 효과적일 것인가? (물론 6장에서 설명한 바와 같이 시간, 기금, 이용 가능한 자원 능도 고려해야 함.)

초학제적 연구는 하나 이상의 결과를 도출하는 경우가 많다. 결과가 여러 개일 때는 발표 양식도 여러 개를 취할 수 있다(Austin 등 2008). 일반적으로 연구자들은 자신의 연구 결과를 바탕으로 논문을 출판한다(팀 연구에서는 여러 다른 학제의 독자들을 염두에 두고, 여러 개의 논문을 쓸 수도 있다). 그러나 학술 논문에 더하여 다른 양식들을 사용하면, 전통적인 학계 구조에서 활동하고 경력을 쌓으면서 동시에 보다 포괄적인 청중들에게 연구 결과를 전달하고 그 유용성을 높일 수 있다.

지역사회 기반 연구:

문제 중심적 협력의 기획

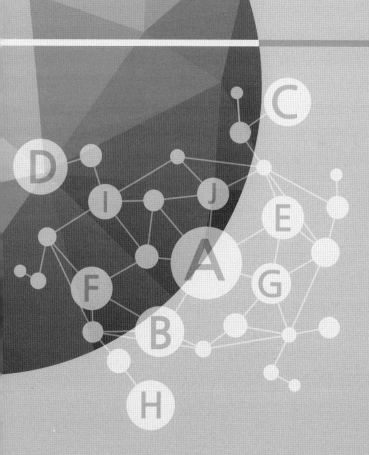

제 4 장 | 지역사회 기반 연구:

문제 중심적 협력의 기획

촛불은 자신을 밝히기 위해 있는 것이 아니다.
- 노왑 잔-피샨 칸, 19세기

지역사회 기반 연구는 학계와 지역사회 구성원들 간의 협력적 파트너십을 포함한다. 지역사회 기반 연구는 연구과정을 통해 연구자들이 지역사회에 적극적으로 참여하고자 하는 시도이다. (언제나 그런 것은 아니지만) 연구자들은 기존의 지역단체들과 협력하는 경우가 많을 것이다.

상당량의 지역사회 기반 연구가 대학생들을 가르치기 위해 진행된다는 사실을 처음부터 인지하는 것이 중요하다. 예를 들어, 교수와 사회봉사수업 진행자들은 수업을 위해 지역사회에 기반한 연구 프로젝트를 개발할 수 있다. 이상적으로 이러한 프로젝트는 관련 지역사회의 필요에 부응하지만, 일반적으로 학교 일정과 교수 및 학생들의 필요에 맞춰 구성되기 때문에 언제나 그렇게 되는 것은 아니다. 이는 복잡한 문제로, 이 장에서 다루지는 않을 것이다. 지역사회 기반 연구에 대한 내 관심은 초학제성을 탐색하는 것에 있기 때문에 연구자들(그리고 지역사회 파트너들)이 자신의 연구와 지역사회의 발전을 위해 수행하는 연구에만 초점을 맞출 것이다.

지역사회 기반 연구의 역사는 사회행동 연구 및 참여적 연구의 역사와 연관되어 있다(지역사회 기반 참여 연구는 지역사회 기반 연구의 한 가지 접근법으로 간주된다. 그러나 이 책에서는 지역사회 기반 연구를 비교적 간략히 다루기 때문에 보다 일반적인 용어인 '지역사회 기반 연구'를 사용할 것이다). 지역사회 기반 연구는 대학교가 지역사회의 필요에 대응하지 않고, 단절되어 있다는 우려가 커지면서 출현하였다(Strand, Marullo, Cutforth, Stoecker & Donohue 2003). 이러한 측면에서 지역사회 기반 연구는 학계를 현실세계의 맥락 안에 위치시키기 위한 전략이다. 따라서 지역사회 기반 연구와 초학제성 간에는 자연스러운 시너지가 있다.

이상적인 형태의 지역사회 기반 연구는 총체적이고 시너지적이며, 고도로 협력적인 연구 접근법이다. 개별 연구자가 지역사회 파트너들과 함께 지역사회 기반 연구 프로젝트를 수행하거나 다학제적 연구자들로 구성된 팀이 그러한 프로젝트를 진행하거나 간에 지역사회 기반 연구는 필연적으로 협력적인 방법이다. 이러한 프로젝트에서 연구자들은 지식 구축 프로세스 전반에서 권한을 공유할 것이 요구된다. 지역사회 기반 연구 프로젝트는 사회행동, 사회변화, 사회정의에 대한 의지를 공유하는 것이다(Strand 2003).

지역사회 기반 연구는 다학제적 및 간학제적 연구 맥락에서 개발되며, 한 학제의 방법론적 소유물이 아니다. 나는 이상적인 형태의 지역사회, 기반 연구는 필연적으로 초학제적 형식을 띤다고 생각한다. 그러나 여러 가지 현실적인 이유로 인해 대부분의 지역사회 기반 연구는 초학제적이 아니다. 지역사회 기반 연구가 본질적으로 초학제적인 것이 아니라, 초학제적 접근법이 지역사회 기반 연구에 적용될 수 있다. 이 장에서 설명하고 이후 표 4.1에 요약한 핵심 원칙과 설계 상의 문제들은 초학제적 성격을 지닌 지역사회 기반 연구의 범주들을 보여주는 것이다. 지역사회 기반 연구의 장점을 최대화하기 위해서, 연구자들은 초학제적 관점을 배양하고 그러한 노력에 수반되는 문제들을 다루어야 한다. 이것을 볼 수 있는 한 가지 연구 장르가 보건 연구이다.

지난 수십 여 년간 보건학에서는 지역사회 기반 연구에 대한 초학제적 접근법들이 번성했다. 이러한 동향에 영향을 끼친 요소들이 몇 가지 있다. 먼지, 최근 수십 여 년간 주목받은 건강 문제들(암, 당뇨, HIV/AIDS, 비만)은 교육과 행동 변화 및/또는 조기 개입으로 예방하거나 보다 잘 치료될 수 있다. 둘째, 우리는 이제 건강에 대한 총체적 접근법이 갖는 이점에 대해 많은 새로운 정보들을 갖고 있다. 이와 관련하여 1984년 세계보건기구World Health Organization는 "환경과 관련된 복합적인 생물학적, 정신적, 사회적 안녕이라는 측면"에서 인간의 건강을 정의했다(Pikot & Kopp 2008, 307). 마지막으로, 다학제, 간학제, 초학제적 교육이 증가하고, 보건의료계가 건강에 대한 총체적 접근법으로 옮겨감에 따라, 몇 가지 새로운 하이브리드적 연구 분야가 나타나 인기를 얻었다.

의학과 생물학을 통합한 생물의학 연구가 급속히 성장하고 있다(Flinterman 등 2001). 생물의학 연구기 발전히면서 환지들은 연구과정에 보다 깊이 참여하기를 원했다(Flinterman 등 2001). 결과적으로, 생물의학 연구는 초학제적 참여적 접근법으로 옮겨갔다. 플린터만 등은 초학제적 접근법으로의 이동이 "환자들의 보다 구조적인 참여와 환자들의 지식이 연구과정에 보다 의도적이며 최적의 조건으로 통합되는 결과를 낳을 수 있다"고 보았다(2001, 257).

생물심리사회 모델 역시 보건에 대한 초학제적 접근법에서 최근 출현한 모델이다(Piko & Kopp 2008). 이 모델은 자연과학과 사회과학(이론과 방법)을 통합한다. 생물심리사회 모델의 주된 가정은 환자의 신체가 환자의 심리사회적 프로세스에 의해 깊이 영향을 받기 때문에, 다른 방식으로 연구가 이러한 문제들에 접근해야 한다는 것이다. 피코Piko와 콥Kopp은 "의학은 자연과학과 사회과학의 교차점에서 초학제적 접근법을 필요로 하는 통합된 과학 분야가 되어야 한다"고 제안한다(2008, 309).

보건 연구에서 초학제성으로의 전환은 지역사회 기반 연구로의 이동과 시기적으로 맞물려, 보건 연구에서 지역사회 기반 참여적 접근법이 증가하는 결과를 낳았다. 이 연구는 초학제성을 증진한다. 심층 사례를 하나 들어보자.

미국에서 인종, 민족, 사회적 계급 간 건강 격차는 고질적인 문제로, 현재 암 질환의 격차가 학계에서 상당한 주목을 받고 있다. 이러한 격차를 조사하려면 생물학/의학적 관점을 넘어서야 하고 또 해당 집단이나 지역사회의 건강 상태에 영향을 끼칠 가능성이 있는 사회적 문제들에 주의를 기울여야 한다.

- 건강관리 정보 및 검사에 대한 접근성
- 우수한 의료 서비스에 대한 접근성
- 젠더, 인종, 민족, 종교, 성적 지향, 사회계급이 건강 검진에 영향을 끼치는 방식
- (내용, 양식, 전달의 측면에서) 각 집단별 보건 교육의 효과에 차이를

유발하는 요인과 그 이유

또 다음과 같은 환경적 요인들도 있다.

- 독성 물질에의 노출
- 물/공기의 질
- 음식의 질(유기농 제품의 높은 가격과 제한적 공급)

따라서 이것은 성격상 초학제적 주제이다. 관련 문제들을 다루려면, 자연과학, 환경학, 사회과학 분야의 서로 다른 지식군을 연결시켜야 한다.

'탐파베이 지역 암질환 네트워크'Tampa Bay Community Cancer Network는 플로리다 주의 암 격차를 연구하고, 의료 소외계층과 다문화 공동체에서 효과적인 보건 개입 프로그램을 마련하기 위해 설립된 초학제적 기관이다. 미국암연구소National Cancer Institute의 기금 지원으로 이 기관은 지역 단체들과 협력하여 몇 가지 시범 연구를 실시했다.

미드Meade, 메나드Menard, 루크Luque, 마티네즈-타이슨Martinez-Tyson과 귀드Gwede(2009)는 이 기관을 위해 암 격차에 관한 두 개의 시범 연구를 실시했다. 이 문제를 총체적으로 바라보면서, 연구팀은 최근 육화 이론과 관련한 초학제성의 발전을 진지하게 고려해야 한다는 사실을 깨달았다. 이와 관련하여 미드 등은 다음과 같이 크리거Krieger를 인용했다. "우리는 우리 모두가 전 생애에 걸쳐 우리의 사회적, 생태학적 환경들이 말 그대로 생물학적으로 육화하는 몸에서 살고 행동한다는 것을 기본 사실로 받아들인다"(2005, 8, 미드 등 2009, 2에서 인용). 그래서 이 연구팀은 여러 관련 학제의 원칙들을 그 부분들의 합보다 큰 초학제적 개념 구조로 혼합했다. 연구팀은 암 격차를 이해하기 위해 "사회-생태학적 프레임워크"를 적용하고, "전생애 노출의 육화"embodiment of lifetime exposures를 고려했다(2009, 2). 건강 상의 격차를 유발한 조건의 복잡성을 고려할 때, 연구팀은 문제에 대한 혁신적인 접근법을 개발해야 했다. 일차적 목적이 지역사회의 요구/필요에 응답하는 것이었기 때문에 지역사회 기반 참여적 연구의 원칙들이 사용되었다.

연구팀은 요구/필요를 두 가지 수준으로 구분했다. 하나는 실증적 연구 프로그램에 대한 것이고, 다른 하나는 건강 증진 프로그램에 대한 것이었다. 따라서 각 시범 연구가 연구적 측면과 아웃리치 요소를 포함했다.

첫 번째 연구는 미국인들에게서 세 번째로 높은 암 사망 원인인 대장암을 조사했다. 모든 인종집단 중 흑인들의 대장암 발병률과 치사율이 가장 높다(Meade 등 2009). 음식에 대한 선호 등 민족적 차이의 가능성 때문에 모든 흑인을 하나의 동질적인 범주로 묶었을 때의 위험성을 고려하여, 연구팀은 미국의 흑인을 세 민족집단으로 나누기로 했다. 연구팀은 또 해당 지역사회의 지지와 참여를 얻어내기 위해서는 연구의 모든 단계에서 지역사회 기반의 참여적 연구 원칙을 채택하는 것이 필수적임을 인식했다. 그래서 문화 자문단을 만들어 연구 설계, 프로젝트의 범위 결정, 참가자 모집, 그리고 데이터 해석에 이르는 모든 과정에서 이들을 활용했다. 미드 등은 다음과 같이 참여적 접근법의 필요성과 방법론적 함의를 설명했다. "문화 자문가들은 연구 설계와 참가자 모집 상의 문제들을 찾아내어, 이를 극복하는데 있어 매우 중요한 자산임이 입증되었다. 이들은 지역의 행사들 및 문화단체들과의 연결을 증진하는 문화적 연결자 역할을 했다"(2009, 4). 자문단과의 협력을 통해 얻은 정보를 바탕으로 연구팀은 연구에 대한 혼합 방법적 접근법을 개발하였는데, 여기서 문제 중심성을 유지하는 수단으로써 반응성을 볼 수 있다. 표본은 세 민족집단 각각에서 20명의 여성과 남성들로 구성되었다. 혼합 방법은 순차적인 질적 심층 인터뷰에 이어서, 양적 설문조사를 실시하는 것으로 설계되었다. 설문조사는 훈련된 면담자가 구술로 진행했다(Meade 등 2009).

이 시범 프로젝트는 해당 지역사회를 위한 후속 협력과 구체적인 결과물로 이어졌다. 일례로, '탐파베이 지역 암질환 네트워크'팀은 지리정보시스템(GIS) 전문가와 협력하여 지역 내의 암 검진 자원들에 대한 지도를 작성하고 있다(Meade 등 2009).

두 번째 연구 역시, 흑인 남성 집단에서의 암 질환 격차를 조사했다. 이 연구는 특히 흑인 남성 집단의 전립선암 조기 검진 문제를 조사했다. 전립선암은 흑인 남성들 사이에서 두 번째로 많이 발생하는 암이며, 흑인 남성들은 다른 어느 집단보다 전립선암의 발생율과 이로 인한 사망률이 높다(Meade 등 2009). 이 인구집단에는 전립선암의 검진을 어렵게 하는 다양하고 복잡한 문제들이 있다. 1차 연구에서 밝혀진 문제들로는 남성성에 대한 문화적 정의와 관습, 의료시스템에 대한 불신, 암과 관련한 운명론적 태도 등이 있었다(Meade 등 2009). 이러한 문제들을 고려한 상태에서 효과적으로 이 주제를 다루기 위해서는 인종차별주의, 젠더, 인종과 의료, 암에 대한 대중적 인식을 다루는 모든 문헌들이 종합적인 접근법에 포함되어야 했다. 이 프로젝트는 초학제적 접근법을 필요로 했다.

연구자들이 필요하다고 판단한 작업 중 하나는 목표 집단이 쉽게 접하고 이해할 수 있는 암 질환에 관한 홍보자료를 만드는 것이었다. 연구자들은 이렇게 적었다. "브로셔와 소책자, 팩트 시트 등과 같이 암에 대한 인식을 증진할 수 있는 자료들은 지역사회에 정보를 전달하는 유용한 도구들이다. 그러나 많은 자료가 문화적으로 부적절하거나, 대상 인구집단의 문해성 수준에 맞지 않거나, 쉽게 접하기 어려운 형태로 되어 있다"(Meade 등 2009, 5).

　　그래서 연구자들은 세 부분으로 구성된 연구를 설계했다. 프로젝트의 첫 단계에서는 해당 지역 주민들이 쉽게 접하고 이해할 수 있는 맞춤형 홍보 자료들을 개발하는 것을 목표로 했다. 자료와 배포를 위한 프로토콜을 개발하기 위해서 연구팀은 지역의 이발소들과 협력했다. 프로젝트 수행 장소로 이발소를 선정한 이유는 이발소가 해당 지역사회들에서 다수의 흑인 남성들을 끌어들이는 것으로 알려졌기 때문이었다. 또 1차 연구에 따르면, 이발소가 지역사회 내에서 "믿을 수 있는" 장소로 간주되었기 때문이다. 신뢰는 이 인구집단에서 건강 관련 연구를 수행할 때 주요한 장애물이 되는 것으로 사전에 알려져 있었다. 연구의 두 번째 단계에서 연구팀은 이발사들을 자료 배포자로서 준비시키기 위해 "일반인 건강 도우미 교육 커리큘럼"을 개발했다. 이 단계에서는 개발된 커리큘럼을 이용해서 이발사들을 교육시켰다. 연구의 마지막 단계는 이발사들을 건강 정보의 전달자로 이용하는 것이 가능한지 그 타당성을 평가하고, 그 결과 연구 참가자들이 자신의 주치의와 암 검진에 대해 논의하는 결과가 유도되는지를 평가하는 것으로 구성되었다(Meade 등 2009).

　　이 시범 프로젝트는 또 후속 활동들을 이끌어냈다. 일례로, '탐파베이 지역 암질환 네트워크'는 "이발소 자문위원회"를 구성하고, 지속적으로 암 인식 증진 자료들과 "이발소 내의 정보 창구"를 제공하기 위한 단계들을 밟고 있다(Meade 등 2009).

　　대장암 연구와 마찬가지로, 이 프로젝트는 초학제성과 지역사회 기반 참여 연구의 가능성을 진지하게 고려한 예이다. 연구팀은 해당 인구집단에 대해 학습하고, 해당 인구집단에 대한 정보를 반영하여 반응적 연구 설계를 구축하고, 연구의 모든 단계에서 지역사회 파트너들을 참여시켰다. 연구팀은 또 연구 결과의 전달 방법을 결정할 때 (해당 인구집단에 최대한 도움이 되도록) 지역사회의 요구/필요를 고려했다.

핵심 원칙과 연구 설계 상의 문제

초학제적 작업으로써의 지역사회 기반 연구가 갖는 잠재성과 문제들을 이해하기 위해서는 지역사회 기반 연구의 핵심 원칙들을 먼저 검토해야 한다. 물론 언제나 그렇듯이 현실세계의 연구에서는 당연히 여기서 벗어나는 일들이 있다. 모든 지역사회 기반 연구가 고유하며, 각기 직면하는 문제들도 다를 것이다. 따라서 모든 프로젝트가 여기서 검토하는 원칙들을 모두 실현할 수 있는 것은 아니며 (또 그럴 필요도 없다) 그렇다고 해서 그들의 중요성이 줄어드는 것도 아니다. 나의 목표는 단순히 이러한 원칙들을 검토하여 초학제적 접근법으로 지역사회 기반 연구를 수행하고자 하는 연구자들이 이러한 근본적인 개념화와 설계 문제들을 생각해보고, 자신의 프로젝트에 가장 잘 맞는 우선사항들을 결정하고, 자신의 연구를 성찰하여 보고할 수 있도록 돕는 것이다. 지역사회 기반 연구의 원칙에 대해서는 무수히 많은 문헌들이 있으며, 그것을 여기서 모두 설명하기란 불가능하다는 점도 미리 밝힌다. 이 장에서는 진지하게 고려했을 때 초학제성을 증진할 수 있는 지역사회 기반 연구의 핵심 원칙들을 간략히 검토해볼 것이다.

협   력

협력은 어느 지역사회 기반 연구 프로젝트에서나 필수이다. 크 레스웰Creswell(2003)은 지역사회 기반 연구가 "지식의 상호 생산"을 중심으로 한다고 설명하였다(Pinto 2009, 933 인용). 그러나 협력의 정도와 협력이 발생하는 단계들은 프로젝트에 따라 크게 차이가 날 수 있다. 프로젝트 전반에서 협력 수준이 높을수록 학제적 경계를 초월하여 초학제적 프로젝트가 될 가능성도 커진다. 다시 말해, 지역사회 기반 연구에 대한 초학제적 접근법은 높은 수준의 협력을 요한다. 이상적으로는, 전 과정에서 연구자와 지역사회 파트너들 간에 깊은 수준의 협력이 이루어져야 한다. 여기에는 문제 식별, 개념화와 기획, 데이터 수집과 해석, 저술 등 연구 결과의 전달과정이 포함된다. 이러한 수준의 협력이 이루어지려면 역할과 책임, 자원을 분명하게 결정하여 나누고 균형을 유지해야 한다(Pinto 2009). 핀토Pinto는 연구 협력을 "연구자들이 참가자 모집, 데이터 수집, 인터뷰, 직원 관리, 데이터 분석, 연구 결과의 작성 및 전달 등과 같은 과업을 수행하기 위해 지역단체 관계자들과 역할 및 책임을 공유하는 사회적 과정"이라고 정의한다(p. 934).

협력의 문제를 생각할 때는 지역사회의 요구/필요를 연구의 중심에 놓아야 한다는 사실을 유념해야 한다. 스토이커Stoecker는 "지역사회에 기반한 연구 질문들"을 개발할 것을 주장한다(2008, 50). 워딩튼Worthington(2007)은 "지역사회 기반 연구는 지역사회 개선과 사회변화를 위해 상당한 수준의 지역사회 참여를 포함시키는 체계적인 연구"라고 하였다(p. 480). 이렇게 해서 문제를 규명하면, 연구는 특정한 학제적 비전을 초월할 가능성이 높다. 스토이커(2008)는 연구자들이 자신의 욕구와 지역사회의 욕구 간에 균형을 찾아야 한다고 설명한다. 그렇게 할 때 지역사회 기반 연구는 학계와 지역사회를 연결할수 있다. 핀토(2009)는 지역단체와 일할 때는 해당 단체의 사명을 연구에 통합시키는 것이 중요하다고 제안한다. 그렇게 해서 연구자들은 "파트너십 시너지"를 얻을 수 있다(Lasker, Weiss & Miller 2001). 이러한 유형의 시너지적 활동들은 초학제성 실천의 근본이다.

협력의 복잡성을 보다 잘 이해하기 위해 연구자와 지역단체 간의 관계를 탐구한 핀토(2009)의 HIV 예방 연구를 살펴보자. HIV/AIDS와 연관된 사회적 낙인과 정형화된 이미지 그리고 신규 감염의 예방 가능성을 고려할 때, 이러한 유형의 지역사회 기반 활동은 매우 중요하다. 핀토는 지역단체 10곳에서 일하는 20명의 정보원으로부터 질적 인터뷰 데이터를 수집했다. 이 연구에 참여한 단체 중 5곳은 일차적으로 HIV와 관련한 의료서비스를 제공했고, 나머지 다섯 단체는 (상담, 예방 워크샵 등) HIV와 관련한 사회적 서비스를 제공했다.

지역단체들은 학자, 의사, 공중보건 분야의 박사들, 심리학자, 사회복지사들과 협력했다. 많은 지역단체들이 그렇듯이 이 연구에 참여한 지역단체들도 초학제적으로 구성되어 있었다. 따라서 연구자가 초학제적 가치들을 중시한다면, 이러한 지역단체들의 조성은 지역사회 기반 연구에 대한 초학제적 접근법의 개발을 지원한다. 핀토는 질병 예방과 개입 활동 지원을 위해 지역사회 기반 연구를 보다 협력적으로 만드는 문제에 대한 지역단체들의 입장을 좀더 자세히 알아보고자 했다. 지역사회 기반 연구에 대한 주된 비판의 핵심은 권력과 자원, 보상이 불균형하여, 지역사회 파트너들에 비해 연구를 개시한 학술기관이 시스템적으로 우위를 점한다는 것이다. 지역사회 기반 연구 프로세스에서 지역단체들의 관점을 강조한 핀토의 연구는 현실세계의 문제들에 보다 잘 대응하기 위해 지역사회 기반 연구의 원칙들과 초학제적 비전을 통합하고자 하는 연구자들에게 중요한 시사점을 제공한다.

핀토의 주요 연구 결과는 네 개의 포괄적인 범주로 나뉘어진다. 첫째, 핀토는 연구자들의 개인적 특성이 지역단체의 관점에 따른 지역사회 기반 연구 프로젝트의 효과성에 영향을 끼친다는 사실을 발견했다. 이상적인 상황에서 연구자들은 매우 협력적이며 그 분야의 전문가들이고, 해당 지역사회를 잘 이해하고 있으며 자신들의 활동에 진지하게 임한다. 둘째, 지역단체 파트너들은 연구자들의 소속기관을 고려했다. 이들은 좋은 명성과 과학적 자원들을 갖고 있는 기관들을 선호했다. 셋째, 핀토는 협력적 연구의 주요 특징들을 다음과 같이 열거했다. 연구는 지역단체의 서비스를 개선해야 한다. 모든 당사자들과 관련되며 상호 합의된 사안으로써 모든 파트너들이 함께 규정한 하나의 목표를 가져야 한다. 참가자들을 포함시키고, 그들의 삶을 개선해야 한다. 연구의 여러 단계에서 지역단체 활동가들을 참여시켜야 한다. 지역단체 활동가들의 지식 기반을 넓히고 연구자와 지역단체 간 지식 격차를 줄이면서, 동시에 전문가적 발전을 위한 통로를 제공해야 한다(2009, 938-939). 마지막으로, 핀토의 연구는 지역사회 파트너와 연구자 간의 관계의 중요성을 강조했다. 이 관계의 중요한 측면들로는 서로에 대해 알기/관계 구축하기, 연구자가 유의미한 수준에서 해당 단체의 활동에 대해 알기, 사회적/전문가적 긴장 해소하기, (교육, 연구 경험, 실용적 기술 등) 차이를 과소평가하지 않고 해결하기, 공통점 찾기 등이 있다(2009, 939).

이 연구에서 얻은 교훈들은 HIV를 비롯하여 (노숙이나 가정폭력 등) 건강에 관한 다양한 주제들을 다루는 지역단체들과의 연구 협력에 적용될 수 있다. 또, 지역단체들이 자체적인 인프라와 조직, 방법론적 관행, 예산 문제들을 가지고 있다 하더라도, 이 연구에서 얻은 데이터는 연구자들이 다른 사람들(지역 주민, 전문가/실천가, 다른 학제의 연구자들)과 함께 일할 때 발생할 수 있는 문제들을 고려하는 과정에서 유용하게 활용할 수 있다. 물론 문제의 형태가 달라질 수는 있지만, 협력과 긴장관계, 그리고 존중이라는 문제는 어느 유형의 팀 연구에서나 다루어져야 한다.

문화적 감수성과 사회행동, 사회정의

지역사회 기반 연구는 도덕적 의무가 있다는 사실을 기억하는 것이 중요하다. 다시 말해, 지역사회 기반 연구 프로젝트의 기지에는 사회정의와 사회행동이 있다. 이러한 측면에서 많은 윤리적 문제들이 관련되는데, 예를 들면 다음과 같은 질문을 해야 한다.

- 이 연구는 누구에게 기여하는가?
- 지역사회의 요구/필요는 어떻게 규명되었는가?
- 연구의 전 과정에서 권력 문제는 어떻게 다루어지고 있는가?
- 연구자 혹은 연구팀은 권력과 권한, 소유의 문제에 대해 성찰하는가?
- 이 연구는 지역사회의 문화적 정의와 이해에 민감한가?
- 그러한 정의와 이해를 합의하는 개념화 과정은 얼마나 협력적인가?
- 소외집단과 함께 작업할 때 어떠한 문제들이 발생할 수 있는가?
- 우리와 다른 사람들과 어떻게 도덕적으로, 윤리적으로, 서로 존중하면서, 효과적으로 일할 수 있는가?

스토이커는 이러한 문제들을 다음과 같이 요약했다. "이상적인 연구 프로젝트는 지역사회의 요구/필요에 부응하고, 지역사회의 문화적 이해에 민감하며, 지역사회에서 규명된 사안과 관련한 행동을 지원한다"(2008, 50). 연구자들이 해당 지역사회의 발전을 위해 지역사회의 요구/필요를 중시하려는 의지가 강할수록, 보다 효과적으로 당면 문제를 해결하기 위해 자신들의 학제적 훈련을 뛰어넘고, 가능한 모든 자원을 끌어 모을 수 있을 것이다. 따라서 지역사회 기반 연구의 사회정의 의무에 충실하면, 초학제성 역시 증진된다고 할 수 있다.

참가자의 모집과 확보

지역사회 기반 연구에서 연구 참가자의 모집과 확보에 어려움을 겪는 경우가 종종 있다. 이러한 문제들은 시간과 기금을 요할 수 있기 때문에 기금 제안서에서 고려되어야 한다(Loftin, Barnett, Bunn & Sullivan 2005). 다양한 모집 전략을 이용해야 할 수도 있다(Loftin 등 2005). 연구 참가자들을 효과적으로 모집하여 프로젝트가 진행되는 동안 확보하려면, 연구 설계 과정에서 지역사회가 깊이 관여할 수 있도록 하는 것이 중요하다. 지역사회의 이해와 규범, 가치들이 개념화 과정에 스며들어야 한다. 그러면 연구자들이 보다 효과적으로 참가자들을 모집하고 그들의 신뢰를 얻을 수 있으며, 참가자들이 지속적으로 프로젝트에 참여할 가능성도 높아진다. 또 문화적으로 사려 깊은 정의들이 사용되면, 참가자들은 자신의 지속적인 참여가 자신과 지역사회에 중요하다는 사실을 깨달을 가능성이 높다. 따라서 내부자와 외부자 문제를 외면하지 말고 다루어야 한다. 흑인들에 대한 지역사회 기반 보건연구를 수행한 로프틴Loftin 등은 다음과 같은 예시를 제공했다.

> 흑인들을 모집할 때 문화적으로 경쟁력 있는 전략들은 흑인들이 의사의 진
> 료실, 병원, 교회, 미용실, 이발소에 앉아 있는 모습을 보여주는 포스터와 팜
> 플렛, 흑인 홍보 담당자가 직접 전화 걸기, 무료 건강검진, 흑인 교회나 이발
> 소에서 개입방법을 시연하기, 흑인들이 애청하는 라디오 방송에서 공공사업
> 발표하기, 교회 게시판에 홍보하기, "만족한 고객들"의 지지 발언 등을 포함
> 한다(2005, 256).

참가자 모집과 확보의 문제를 생각하면, 초학제적 접근법의 가
치가 자명해진다. 당면한 이슈를 효과적으로 다루는 것이 목표이고,
그 목표를 달성하는데 있어 지역사회의 참여가 필수적이라면, 지역
사회의 요구/필요가 연구자나 연구팀의 학제적 관점을 초월하여 이
상적으로는 초학제성을 증진할 것이다. 문제 중심적 접근법은 서로
다른 형태의 과학적, 경험적, (일반인들의) 비전문가적 견해들이 유용하
게 활용되는 연구 환경을 만들어낸다.

이 시점에서 협력, 문화적 감수성, 참가자 확보의 원칙들이 모두
긴밀하게 연결되어 있다는 점을 강조하는 것이 중요하다. 농촌 흑인
사회에서의 당뇨병 예방에 관한 로프틴 등(2005)의 연구는 아주 좋은
예이다.

이 프로젝트들은 부분적으로는 연구에서의 과소대표성을 다루
기 위해 설계되었는데, 로프틴 등은 이러한 과소대표성을 "생물의학
연구에 대한 역사적 불신, 문화적 상관성 및 경쟁력의 결여, 돌봄에
대한 접근성 부족" 때문이라고 지적했다(Loftin 등 2005, 252). 연구팀은
외부자로서 또는 흑인 연구자들의 경우에는 내부자-외부자로서 갖

는 편견에 대해 매우 성찰적이었다(Loftin 등 2005). 이 두 당뇨병 연구의 주된 목표는 참가자의 모집과 확보를 위한 효과적인 접근법들을 결정하는 것이었는데, 이는 "문화적으로 경쟁력 있는 접근법"을 구축하고, 신뢰와 인센티브, 후속 점검이라는 윤리적으로 민감한 문제들을 다루어야 함을 의미했다(Loftin 등 2005).

첫 번째 연구는 문화적으로 경쟁력 있는/민감한 개입의 문제(이 경우에는 사람들이 자신의 건강을 증진하도록 도와주는 식단 자기관리 개입)를 다루는 타당성 연구였다. 식단 자기관리 개입은 1) 90분씩 진행되는 식단교육 수업 4회, 2) 60분씩 진행되는 월 정기 토론모임 2회, 3) 주 1회 전화 상담과 1회의 가정방문에 의한 사례 관리 간호사의 후속 점검이라는 세 요소로 구성되었다. 이 연구에서 사용된 참가자 확보 전략들은 가치 중심적 정보를 이용했으며, 내용을 상기시켜주는 리마인더reminder 와 인센티브를 포함했다. 로프틴 등은 자신들의 연구와 관련하여 문화적으로 경쟁력 있는/민감한 접근법들을 아주 훌륭하게 설명했다.

문화적으로 경쟁력 있는 개입은 미국 남부 농촌지역 흑인들의 믿음과 가치, 관습, 음식 패턴, 언어, 건강관리 관행들을 반영하며, 이러한 가치들을 건강한 식단 전략에 통합시키고자 한다. 첫째, 이 개입은 선행 연구에서 흑인들이 보고한 가장 유의미하고 중요한 주제인 식단 교육에 초점을 맞춘다. 검진과 개입 세션을 진행할 때마다 이 집단에서 전형적으로 선호되는 식사나 간식을 제공하여 음식과 연관된 흑인들의 문화적 전통을 통합시켰다. 가족 구성원들의 참여를 독려하여 가족의 가치를 활용하고 교통수단을 제공했다. 요리 교실 참여와 같은 경험적 학습 접근법을 이용했는데, 그것이 이 인구집단의 주요한 학습 방법이었기 때문이다. 동료-전문가 토론 그룹들을 통해 컨텐츠가 문화적으로 번역되도록 하고, 또 스토리텔링과 같은 문화적으로 경쟁력 있는 학습 방법들을 강조했다(Loftin 등 2005, 253).

이 프로젝트는 연구의 모든 단계에서 지역사회의 믿음과 가치를 심층적으로 통합시킴으로써 큰 성공을 거두었다. 마찬가지로, "소울 푸드 라이트: 개입의 1차 시험"soul food light: preliminary test of the intervention이라고 명명된 두 번째 연구 역시 긍정적인 결과를 낳았다 (이 연구는 개입의 종단적 사전시험과 사후시험 결과를 포함했다).

로프틴 등(2005)은 다음과 같은 몇 가지 요소들이 연구의 성공에 직접적으로 기여했다고 설명했다.

- (환자들에게 참여를 권유하는 의료계 관계자 등) 주요 이해관계자들의 지지 확보
- 지역사회의 신뢰를 얻고, 그렇게 하기 위해 기존 관계를 이용한
- 상호성 원칙 준수
- 지역사회에서 존경받는 인사들이 연구에서 핵심 역할을 하도록 함
- 지역사회에서 신뢰받는 내부자들의 조언을 중시함
- 배려하고 있음을 적극적으로 보여줌(연구의 후속 점검 단계는 이것의 핵심적인 부분이었다)
- 문제가 발생할 때 개입할 수 있도록(그리고 배려하고 있음을 보여주기 위해) 후속 점검을 연구 설계에 포함시킴

참여와 관련한 유의미한 인센티브를 제공할 때도 지역사회 기반 연구의 원칙들을 성공적으로 따랐다. 예를 들어, (연구자와 지역사회 파트너를 포함한) 연구팀은 자신들이 지역사회에 기여하고 있는 가치를 보여주고, 참가자들에게 공식적으로 감사를 표하고, 지속적인 참여를 권장하기 위해 현금 보상과 (기프트 기드와 같은) 다른 금전적 보상을 활용했다. 연구자들은 또 현실적 장애물에 대한 해결책을 연구에 포함시켜서 참여를 증진했다. 일례로, 참가자들의 이동 문제를 연구에 포함시

켰다(예. 참가자들에게 주유소 쿠폰 제공).

신뢰와 라포rapport의 구축

지역사회 구성원, 연구 참가자, 지역단체 인사들과 신뢰와 라포를 구축하는 일은 지역사회 기반 연구에서 필수적이다. 연구 참가자들을 확보하고 성공적인 결과를 내려면, 연구 관계들을 지속적으로 보살피는 일이 중요하다. 어떤 지역사회의 구성원들은 "연구"라는 행위를 중요하게 받아들이지 않을 수도 있다(Meade, Menard, Luque, Martinex-Tyson & Gwede 2009). 이것은 특히 소외집단을 대상으로 한 연구에서 그러하다(Meade 등 2009). 다시 말하지만, 연구의 개념화와 설계 과정에서 (그리고 연구의 다른 모든 단계에서) 지역사회를 포함시키는 일은 매우 중요하다. 지역사회 구성원들이 연구의 잠재적 결과와 지속적인 효과를 구축하는 과정에 참여한다면 자신들이 연구에 포함되고, 가치와 중요성을 인정받았다고 느낄 것이다. 이것은 신뢰를 구축하는 중요한 방법이다. 연구자들이 지역사회에서 구축하는 관계가 진실되어야 한다는 점도 마찬가지로 중요하다. 연구자들은 상호 도움이 되는 파트너십을 이끌어내기 위해 배려와 관심을 보여야 한다(Meade 등 2009).

다중성, 다양한 지식들, 참여 그리고 역량 강화

지역사회 기반 연구에 대한 초학제적 접근법은 지식(앎의 방법)의 다중성을 중요하게 고려해야 한다. 지역사회 참가자들과 지역단체들 및 연구자들은 연구과정에 각기 다른 가정들을 가져올 것이다. 또 모

든 파트너들이 경험적, 과학적, 비전문가적 지식 등 각기 다른 유형
의 지식과 기술들을 가져올 것이다. 이러한 모든 유형의 가정과 지
식, 경험을 존중하고 중시해야 한다. 스트랜드Strand와 마룰로Marullo,
컷포스Cutforth, 스토이커Stoecker, 도나휴Donahue는 다음과 같이 썼다.

> 이는 사람들의 일상생활과 성과, 투쟁이 더 이상 연구의 변두리에 있지 않
> 고 가운데에 굳건하게 자리를 잡는다는 의미이다. 지역사회 기반 연구를 수행
> 하려면 지역사회 환경에서 관습을 통해 생산된 지역적 지식의 유효성을 인식
> 하고, 이것을 교수와 학생들에게 익숙한, 제도화되고 과학적이고 학술적인 지
> 식과 더불어 고려해야 한다(2003, 11).

연구 파트너들은 서로에게서 배우고, 서로 가르쳐주고자 해야
한다. 핀토(2009)는 효과적인 프로젝트는 과학적 지식과 일반인들의
비전문가적 지식 간에 균형을 잡는다고 설명한다. 이러한 형태의 지
식을 보완적인 것으로 간주할 때, 그 연구는 지역사회와 연구자 모두
에게 유용하게 사용될 가능성이 크다(Pinto 2009). 상호 도움이 되는 연
구는 모든 파트너들로부터 보다 높은 수준의 참여 의지를 끌어낼 것
이다. 초학제적 지역사회 기반 연구에서는 흔히 참여적 연구 설계가
사용되는데, 프로젝트에 대해 지역사회에 더 많은 권한을 제공하고
(Stoecker 2005), 그로 인해 연구과정에서 다양한 이해와 해석이 가능해
지기 때문이다.

지역사회 기반 연구에 여러 다른 관점들을 통합한 아주 훌륭한
사례로는 1986년에 시카고에서 진행된 인종 분리와 지역사회 개발에
관한 연구를 들 수 있다. 당시 연구팀은 그러한 노력을 "간학제적"이
라고 칭했으나, 지금 생각해보면 "초학제적"이라고 부르는 것이 타

당해 보인다. 이 연구의 목적은 "공정주택 사업의 진행상황을 기록하고, 현재 진행되고 있는 공정주택 프로그램을 평가하며, 일부 지역에서 지속되고 있는 인종 분리와 관련한 요소들을 규명하는 것이다. 또 공정주택을 건강한 지역사회의 필수적인 부분으로 발전시키는 것이다"(Lukehart 1997, 48). 이 연구를 수행하기 위해서 초학제적 팀이 구성되었다. 이 팀은 '대도시 열린 지역사회를 위한 리더십위원회'Leadership Council for Metropolitan Open Communities(시카고에 있으며 1960년대에 설립된 공정주택단체)와 12명의 연구자들 그리고 시카고지역 공정주택연맹Chicago Are Fair Housing Alliance 회원들로 구성되었다(Lukehart 1997, 47).

지역단체 전문가, 활동가, 연구자, 지역사회 구성원들로 구성된 팀은 연구의 모든 단계에 적극적으로 참여했다. 초기에는 전체 팀이 여러 차례의 회의를 열어 사안들을 논의하고 연구적 요구/필요를 규정했다(Lukehart 1997). 이 과정을 통해 아홉 개의 연구 프로젝트가 개발되었고, 다양한 집단의 사람들이 프로젝트에 참여하면서 상당한 연구 기금을 받았다(Lukehart 1997). 이것은 다양한 관점과 지식을 활용하는 것이 외부 집단들에 큰 강점으로 비춰지며, 그로 인해 상당한 연구 지원을 끌어 모을 수 있음을 보여준다(6장의 마지막 부분에서 이 문제를 다시 다룰 것이다). 방법론적으로는, 전체 팀을 초학제적 하위 그룹으로 나누었고, 각 그룹은 9개의 프로젝트 각각을 중심으로 조직된 학계와 지역사회의 이해관계자들로 구성되었다(Lukehart 1997). 각 팀은 팀의 연구 문제를 규명하고 적절한 방법론을 결정했다. 반면, 전체 팀은 연구의 전 과정에서 "여론 수렴기구" 역할을 했다. 연구팀들은 인구조사 자료, 정책 분석, 구조화된 인터뷰, 비구조화된 인터뷰, 문서 분석, 참여적 평가 연구 등 다양한 방법들을 이용했다(1997). 적극적인 협력과 다중성을 유지하기 위해 각 연구팀은 자신들의 연구 결과

에 대한 보고서를 작성하여 전체 팀에 전달하고 피드백을 받았다
(Lukehart 1997). 그런 다음, 시카고대학교University of Chicago에서 컨퍼런
스를 개최하여 정부 관계자, 지역사회 지도자, 활동가 등 다른 이해
관계자들을 초청해서 그들로부터 피드백을 받았다(Lukehart 1997). 이
반응적 피드백 루프를 바탕으로 최종 보고서를 작성했다.

　이 연구는 문제의 식별에서부터 연구 프로토콜을 결정하기까지
연구의 모든 단계에서 학자와 일반인, 활동가들의 지식과 경험을 반
영하고, 전 과정에서 체계적으로 피드백을 활용한, 최고의 초학제적
협력 과정을 보여준다. 이 프로젝트는 참여적 접근법과 결합하여 다
수의 다양한 지식 기반들을 평가하는 일이 어떻게 고도로 성공적인
초학제적 협력을 증진할 수 있는지를 보여주는 훌륭한 예이다.

　지역사회 기반 연구는 또 참가자들의 역량을 강화시킬 수 있는
잠재성도 가지고 있다. 역량 강화는 관심 영역에 대해 참가자들을 교
육시키고, 필요한 행동적 개입 전략들을 제공하고, 지식구축 과정에
서 참가자들의 관점과 경험이 존중되고 타당성을 인정받을 기회를
제공하는 등 다양한 방법을 통해 이루어질 수 있다. 참여적 접근법은
이러한 형태의 역량 강화를 가능케 하며, 적절히 고려되어야 한다.
1986년의 시카고 지역사회 개발 프로젝트는 연구의 모든 단계에서
관련 이해관계자들을 참여시키는 것이 어떻게 (지역사회 내에서 사회변화의
주역이 되어 공공정책에 영향을 끼칠 수 있는) 지역사회 구성원들의 역량을 강화시
키는지를 잘 보여준다.

유연성과 혁신

　지역사회 기반 연구는 유연성과 혁신을 필요로 한다. 여러 관점

과 자원들을 가져오는 초학제적 연구에서는 유연성과 혁신이 중요하게 강조된다. 이러한 유형의 프로젝트에서는 일이 언제나 계획대로 진행되지는 않기 때문에 연구자들은 상황에 적응할 준비가 되어 있어야 한다. 초학제적 연구에서는 이슈/문제가 개념화 과정과 방법론적 결정 과정의 중심에 위치한다. 따라서 연구과정 전반에 걸쳐 연구설계를 평가하고 수정해야 할 가능성이 있다. 앞서 언급한 바와 같이, 이러한 이유로 초학제적 연구는 보통 반복적인 연구 설계를 따른다(Pohl 등 2007). 이것은 특히 지역사회 기반 연구에서 어려울 수 있는데, 다수의 다양한 파트너들이 연구과정 전반에서 지속적으로 협력해야 하기 때문이다. 프로젝트가 성공하려면 모든 파트너들이 새로운 정보와 상황에 적응할 수 있도록 열린 태도를 갖고 있어야 한다. 또 문제 해결에 대한 혁신적 접근법을 구축해야 한다.

그러나 유연성과 혁신의 필요성은 구조의 필요성과 균형을 맞추어야 한다. 그렇게 함으로써 초학제적 접근법은 역설을 유발한다. 개방성과 구조를 모두 필요로 하는 것이다. 모든 파트너들이 상황에 따른 적응에 열린 태도를 보여야 함과 동시에 역할과 책임을 명확하게 설명하는 것도 매우 중요하다. 이상적인 상황이라면, 개념화와 데이터 수집 또는 개입 과정을 시작하기 전에 연구 파트너들이 역할 분담에 상당한 시간을 할애할 것이다. 모든 파트너가 프로젝트 안에서의 자신의 역할과 책임을 이해하고 이에 동의해야 한다. 역할 분담을 바꾸어야 할 새로운 상황이 발생하면 다시 파트너들이 (대면 만남이 가장 이상적이지만 적어도 전화나 이메일로) 모여서 예상치 못한 변화를 바탕으로 새롭게 역할을 분담해야 한다. 협력적인 과정을 통해 프로젝트의 구조를 결정하고 프로젝트 전 과정에 걸쳐 이를 점검하여, 모든 파트너들의 기대가 충족되도록 하는 것이 중요하다.

연구 결과물의 발표와 전달

(어느 장르이든 간에) 지역사회 기반 연구와 초학제적 연구에서는 연구 결과의 발표와 전달이 어렵기 때문에 지역사회 기반 연구에 대한 초학제적 접근법에서는 이 문제가 크게 강조된다. 이와 관련해서 고려해야 할 문제들이 많다.

첫째, 연구 결과가 프로젝트에 참여한 지역사회에 긍정적인 영향을 줄 잠재성을 가져야 한다. 일반적으로, 전통적인 학술 논문은 학계 밖의 사람들에게는 거의 가치가 없다(이 문제는 그 자체로 지식 구축에 대한 새로운 접근법이 필요함을 보여준다). 대중은 학술 저널에 대한 접근성이 거의 없기 때문에 학술 논문의 양식은 배타적이며 장벽이 높고(예. 전문용어로 가득 차 있다), 학술 저널의 발행시기로 인해 연구 결과가 해당 지역사회에 신속하게 전달되지 못한다. 따라서 다음과 같은 "대안적" 통로를 통해 연구 결과를 전달하는 것이 중요하다.

- 지역단체, 기업, 학교, 종교센터 등에서 배포되는 브로셔/정보성 팜플렛
- 라디오 방송
- 인터넷 게시물
- 지역신문
- 공적 모임이나 지역에서의 프리젠테이션
- 대상 청중들을 접할 수 있는 기타 장소들

적절한 장소에서 연구 결과를 전달하는 일의 중요성은 앞서 언급한 시카고 지역사회 개발 연구의 예에서 잘 드러난다. 이 연구팀은 컨퍼런스를 개최하여, 다수의 학계 밖 이해관계자들을 초청하여 1차 결과를 발표했다. 또 기자회견을 열어 언론에 연구 결과를 발표했다

(Lukehart 1997). 공정주택과 인종분리에 관한 공공정책에 영향을 끼치고 자신들의 개발 프로세스에 일반 시민들을 포함시키고자 한 이 그룹의 목표를 고려할 때, 이 과정에 언론을 포함시키는 일은 매우 중요했다. 기자회견은 시민들을 교육시키고, 동시에 긍정적인 사회변화를 증진하도록 지방 정부에 압력을 가한다는 두 가지 효과를 냈다.

새로운 또는 "대안적인" 형식의 발표를 고려하는 것도 중요하다. 일례로, 일부 초학제적 연구자들은 예술 형식을 이용하는데, 이 방법은 보다 많은 청중들을 접하고, 정형화된 이미지를 타파하고, 비판적 의식을 구축할 수 있는 잠재성이 있다. 예술 형식의 발표는 다음 장에서 검토할 것이나 간략히 보자면 다음을 포함할 수 있다.

- 연극
- 음악 또는 무용
- 시 또는 이야기 낭송
- 다큐멘터리 영화 상영
- 시각예술 또는 사진 전시
- 온라인 사진 블로그
- 기타

다음으로, 저작 문제를 고려하는 것이 중요하다. 전통적인 학술 연구와는 다르지만 지역사회 기반 연구에서는 (이론적으로) 적어도 윤리적 관점에서 보면 지역사회가 연구 결과를 "소유"할 수 있다(Strand 등 2003). 다시 말하자면, 지역사회 기반 연구 프로젝트에서는 지역사회가 연구과정에서 중요한 지분을 갖는다. 예를 들어, 연구 결과가 지역사회의 발전 과정이나 의료 서비스, 교육 서비스 등에 영향을 끼칠 잠재성이 있을 수 있다. 공공정책 측면에 영향을 끼칠 수도 있다. 그렇다면 지역사회가 연구 결과의 이용 방식을 결정할 권리가 있는가?

일반적으로 연구 결과를 발표하여 전달할 능력은 연구자들이 갖는다. 그러나 모든 당사자들의 기대를 구체화하여 협상해야 한다. 연구 현실에서는 이것이 훨씬 더 복잡하다.

- 누가 연구 결과를 발표하는가?
- 누가 연구 결과를 전달하는가?

이러한 측면에서 그룹 연구 활동은 많은 어려움이 있다. 따라서 연구를 시작하기 전에 이러한 문제들을 이해하는 것이 매우 중요하다. 여기서도 마찬가지로 모든 파트너들의 기대를 구체화하여 논의한 다음, 계획에 합의해야 한다. 여기서 여러 가지를 고려해야 한다. 첫째, 서로 다른 학제에서 온 연구자들은 (공동/단독 저술, 종신재직권, 승진, 기금 제약 등) 출판 및 저작에 대해 서로 다른 학제적 기준을 가지고 있을 수 있다. 프로젝트에 참여하는 연구자가 한 명 이상일 때는 어떤 데이터/결과가 "공동 재산"으로써 어느 팀원이나 거기에 대해 쓸 수 있는지 (그리고 허용되는 출판 통로나 그룹 활동의 인용 등에 제한이 있는지) 그리고 어떤 데이터/결과가 개별 팀원에게 "귀속"되는지 등을 결정해야 한다. 고려할 질문들은 다음과 같다.

- 프로젝트의 결과물에서 공동저술이 기대되는 부분은 무엇인가?
- 공동저술된 결과는 어디에서 출판/전달될 것인가/
- 모든 파트너들에게 공정한 방식이 되려면 저술과 편집 과정이 어떻게 이루어져야 하는가?

연구자가 한 명뿐이라도 지역사회 파트너들과 함께 이 문제를 논의해야 할 것이다. 일례로, 한 명의 연구자 또는 어떤 연구팀이 지역단체와 협력할 때 저술에 대한 위의 모든 문제들을 논의해야 하며, 협력적인 환경에서 신중하게 진행해야 한다.

그 외에 고려해야 할 사안들은 다음과 같다.

- 연구 결과의 발표 및/또는 전달을 위해 연구 참가자들은 어떠한 권리를 갖는가?
- "팀"의 문제들은 어떻게 찾아낼 것인가/다룰 것인가?
- 각 파트너는 어떠한 기대를 갖고 있는가?
- 특히 서로 다른 학제의 연구자들과 지역단체 파트너들이 그러한 문제들에 대해 매우 다른 기준을 가지고 있을 때, 정보에 따른 동의, 기밀성, 익명성의 문제를 어떻게 다룰 것인가?

표 4.1 초학제적 지역사회 기반 연구의 원칙과 설계 상의 문제들

원칙	원칙의 방법론적인 구현
협력	다학제적 팀이 서로 다른 관점과 경험을 지닌 다양한 이해관계자들로 구성된다. 연구의 모든 단계에서 깊은 협력이 이루어진다.
문화적 감수성, 사회행동, 사회정의	문화적 이해를 중시하고, 지역사회의 요구/필요를 파악한다. 연구는 사회행동 의제를 가지며 사회정의를 바탕으로 한다.
참가자 모집과 확보	연구가 진행되는 동안 문화적으로 경쟁력 있는 접근법을 통해 참가자들을 모집한다.
신뢰와 라포 형성	존중을 바탕으로 한 진실한 관계를 구축한다(참가자의 확보와 연구의 성공에 꼭 필요하다).
다중성 및 다양한 지식들	연구의 모든 단계에서 다양한 앎의 방식들이 통합되고 중시된다. 필요 시 참여적 설계를 이용한다.
유연성과 혁신	반복적 연구 설계와 문제 중심적 방법론을 이용하여 피드백과 수정을 위한 시간과 공간을 만든다.
연구 결과물의 발표와 전달	창의적인 발표 양식과 "대안적인" 통로를 이용하여 연구 결과가 관련 청중들에게 전달되도록 한다.

정책적 함의

이 장에서 인용된 연구의 사례들은 지역사회 기반 연구와 해당 지역사회에 긍정적인 영향을 끼치는 정책 결정 간의 연관성을 보여준다. 일례로, 아동 비만의 급격한 증가로 최근 몇 년간 공립학교 급식과 관련한 정책들이 언론의 집중적인 관심을 받았다. 흑인들이 주로 거주하는 농촌지역에서 문화적으로 경쟁력 있는 식단 개입 프로그램을 개발하고 시험하는 것과 같은 지역사회 기반 연구 프로젝트들은 지역 주민들에게 기여하는 정책을 입안할 수 있는 중요한 데이터를 제공한다.

정책 결정 과정에 영향을 끼치기란 쉽지 않지만, 정책적 영향은 많은 지역사회 연구의 중요한 연장선이다. 사회/공공정책은 정치적이며 권력에 영향을 많이 받는다(Wedel, Shore, Feldman & Lathrop 2005). 이러한 정책들은 관련 지역사회에 포괄적인 영향을 가져올 수 있는 행동계획들이다(Wedel 등 2005). 불행히도, 정책들이 정치적인 목적에 따라 좌우되면서, 그러한 정책들로부터 가장 크게 영향받는 대중들은 그 과정에서 제외된다. 지역사회 기반 연구는 특히 초학제적 접근법을 통해 이루어질 때 정책 결정에 영향을 끼칠 잠재성이 있다. 많은 지역사회 기반 연구 프로젝트들은 사회행동 및 사회정의 강령에 따라 해당 지역사회와 관련한 정책들에 영향을 끼치고자 한다. 시카고의 개발 및 공정주택 관련 연구를 보면 이 점이 자명하다.

정책이 일반적으로 국가와 지역주민/지역사회와의 관계를 다룬다는 점에서(Wedel 등 2005) 지역사회 참여의 필요성이 분명해진다. 정책결정 과정에 참여하기 위해서는 시민들이 정책 의제 형성 과정에 참여할 필요가 있다(McTeer 2005). 그렇게 하려면 시민들이 정확한 정보를 전달받아야 한다(McTeer 2005). 지역사회 기반 연구는 이러한 유형의 참여적 시민들을 양성하는 수단이다. 또 현 정책을 변화시키기 위한 옹호활동에 사용할 수 있는 데이터를 생성할 수 있다. 그러한 측면에서 "정책 결정자들은 이미 존재하는 프로그램으로부터 또는 그러한 프로그램과 함께 정책을 만들어 구현한다"는 사실을 기억하는 것이 중요하다(Carlsson 2000, 202). 따라서 지역사회 기반 연구 프로젝트는 특정 지역사회에 대한 현 정책의 효과를 조사하고 공익을 위해 그러한 정책을 개선할 방법을 연구하는 방향으로 설계할 수 있다.

지역사회 기반 연구에 대한 초학제적 접근법을 채택함으로써 이슈/문제가 그러한 연구 활동의 중심에 놓이게 된다. 또 활용 가능한 모든 자원들을 이용하여, 가장 효과적으로 연구 목표를 달성할 수 있다. 마지막으로, 폭넓은 지적 자본을 바탕으로 연구자들이 지역사회 중심적인 변화를 위해 옹호활동을 하는 과정에서 사용할 수 있는 설득력 있는 연구 보고서를 개발할 가능성이 높아진다.

다문화적 프로젝트와 초국적 연구 협력

다학제적 연구팀들이 여러 국가와 환경에서 연구를 수행하는 경우에는 문제가 더욱 복잡하고 새로워진다(서로 다른 연구 패러다임, 존중과 라포 형성, 역할 분담, 목표와 책임을 규정하는 과정에서 발생하는 문제 등). 다학제적 연구팀이 초학제적 활동에서 협력할 때 직면하는 문제들에 더하여, 초국적 연구는 또 다른 현실적이고 윤리적인 문제들을 야기한다(예. 언어 장벽).

트레로어Treloar와 그레이엄Graham(2003)은 초국적 환경에서 진행된 초학제적 보건연구 프로젝트의 두 가지 사례를 제공한다. 비만에 관한 다문화적 환경에 대해 국제임상역학네트워크International Clinical Epidemiology Network가 실시한 첫 번째 연구는 호주, 카메룬, 이집트, 인도, 인도네시아의 5개국(대부분 개발도상국)에서 진행되었다. 연구팀은 "다이어트, 바디 이미지, 신체활동에 대한 개인적, 대인관계적, 조직적, 사회적 영향을 조사"하기 위해 포커스 그룹을 이용했다(2003, 925). 이 팀은 일차적으로는 사회과학 분야의 연구자들로 구성되었으나, 오랜 역사를 지닌 국제적 네트워크에 참여하는 다른 학제 출신의 연구자들도 포함했다. 언어 문제, 지역에 따라 이메일과 팩스 시스템이 불안정한 문제, (초학제적 연구에서 주요한 도전 중 하나인) 이론적 프레임워크를 개발하는 문제, 질적 연구에서 전문성 수준이 서로 다른 문제 등 다양한 현실적인 문제들이 나타났다(Treloar & Graham 2003).

이 연구는 여러 면에서 성공적이었지만, 이들의 경험으로부터 배우기 위해 연구자들이 직면한 몇 가지 문제들을 살펴보자. 일례로, 연구자들은 (예를 들어 충분히 정보를 숙지한 상태에서의 동의가 필요할 때) 의학자들과 사회과학자들 간의 윤리적 기준에 차이가 있음을 발견했다. 또 (데이터 수집과 분석 측면에서) 인터뷰와 관련한 경험 수준이 달랐는데, 이로써 연구 대상 국가들 간 데이터 비교에 문제가 생겼다(Treloar & Graham 2003). 기금, 테크놀로지와 관련한 문제들도 있었다(Treloar & Graham 2003). 예를 들어, 녹음 기술의 결여로 일부 포커스 그룹 인터뷰는 녹음이 되지 않았다(Treloar & Graham 2003). (원자료가 여러 다른 언어로 되어 있으므로 해서) 데이터 번역 면에서의 차이도 있었는데, 안타깝게도 연구자들은 하나의 접근법에 합의하지 못했다. 그래서 어떤 지역에서는 부호화된 데이터와 요약을 모두 번역하고, 다른 지역에서는 요약만을 번역했다(Treloar & Graham 2003). 이것은 초학제적인 초국적 프로젝트에서는 2개 국어가 가능한 직원들을 고용할 수 있도록 추가 기금이 필요하다는 점을 보여준다. 그렇지 않으면 2개 국어를 구사하는 일부 직원들의 업무가 가중될 수 있고, 하나의 단일한, 그래서 비교 가능한 방식으로 데이터를 번역하여 전사하지 못할 가능성이 있다.

이러한 문제들에도 불구하고 연구자들은 체계적인 코딩과 분석 작업을 가능케 하는 초학제적인 개념적 프레임워크를 개발했다. 트 레로어와 그레이엄은 다음과 같이 이 과정을 설명했다. "호주 연구자 는 세 가지 주제영역(다이어트, 바디 이미지, 신체활동)과 네 가지 수준의 개념 적 프레임워크(개인적, 대인관계적, 조직적, 사회적)를 이용하여, 다섯 개의 데이 터 세트에서 나타난 패턴을 조사했다. 그런 다음, 그 결과를 각 지역 에 있는 연구자들에게 전달하여 의견을 구했다"(2003, 928).

트레로어와 그레이엄(2003)이 검토한 두 번째 연구는 수술 전후 수혈에 관한 국제적 연구이다. 이 연구는 호주, 캐나다, 덴마크, 프랑 스, 네덜란드, 이스라엘, 일본, 스코틀랜드, 스페인, 미국 등 10개 선 진국에서 건강 기술 평가 연구를 실시한 것으로, 혼합 방법 연구와 인터뷰를 사용했다. 연구팀은 주로 의학자들로 구성되었으나, 두 곳 에서는 질적 연구자들이 참여했다. 첫 번째 연구에서와 달리, 이 연 구자들은 기존의 연구팀에 속한 것이 아니라 단순히 이 프로젝트를 위해 모인 전문가들로, 실질적으로 초학제적인 이론적 프레임워크를 개발하는데 시간을 들이지 않았다. 그래서 이 연구에서 얻을 수 있는 긍정적인 연구 결과가 크게 줄어들었다. 기금 규모의 차이, 프로젝트 에 대한 헌신성의 차이, 출판 양식의 결정과 관련한 문제, 전문성과 경험의 차이로 인한 다양한 문제들이 있었고, 그러한 문제들이 협력 적으로 다루어지지 않았다.

이 두 연구는 초국적 연구의 잠재성과 함께 문제점들을 보여주 었다. 나는 초기 기획과 모집 과정에서 하나의 초학제적 관점을 개발 하고 초학제적 접근법을 유지하는데 집중했다면, 이 프로젝트들이 개선되었을 것이라고 생각한다. 그것을 잘 보여주는 예가 3장에서 살펴본 "가구, 젠더, 연령 프로젝트"이다. 8개 대륙에 걸쳐 있던 그 연구팀은 프로젝트를 개발하고 특히 개념적 구조를 구축하는데 상당한 시간을 들였고, 그 결과 많은 성공을 거두었다.

예술 기반 연구:

대중적 유용성이 높은 연구의 설계

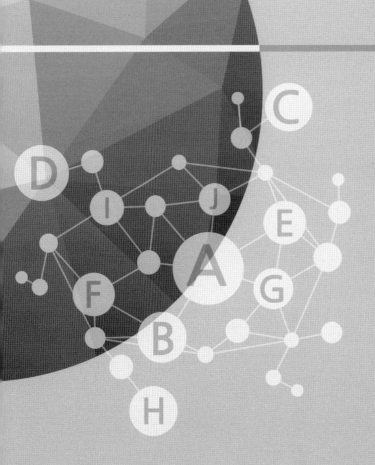

제 5 장 | 예술 기반 연구:

대중적 유용성이 높은 연구의 설계

여기 예술과 인문학, 과학이 한데 모인 자리에서 마침내 우리는 모든 것을 포괄하는 지혜의 근원을 찾는다. 지혜는 흔히 일시적이다. 영속적인 통찰력을 드러내고 이해의 순간으로 이어지는 어떤 한 순간으로 경험될 수도 있다. 그러한 정신적 경험들은 예술에서부터 종교, 과학에 이르는 모든 인간 활동의 발전을 크게 자극했다.

－ 리차드 R. 어언스트(2000, 127)

예술 기반 연구는 1970년대에서 1990년대 사이에 출현했으며[1] 지금은 중요한 방법론적 장르를 인정받고 있다(Sinner 등 2006).[2] 예술 기반 연구를 탄생시킨 주요 요인들을 예로 들자면 1960년대와 70년대의 사회정의운동의 영향, 사회과학 분야에서의 자서전적 데이터의

---

1) 학문 발달의 초기에는 수학과 시의 관계에서 볼 수 있듯이 예술이 과학과 인위적으로 단절되지 않았었다는 점을 기억하는 것이 중요하다.
2) 문헌에서는 예술 기반 연구나 그와 유사한 실천들을 지칭하는 다른 용어들을 볼 수 있다. 일례로, 예술 기반 교육 연구arts-based educational research(ABER), 에이알 토그래피A/R/tography(A/R/T), 예술을 바탕으로 한 조사arts-informed inquiry 등이 있다.

증가, 비판적 이론의 관점, 육화 이론의 발전, 공적 학문으로의 이동 등이 있다(Leavy 2009). 디지털 이미징, 디지털 카메라, 인터넷, 포토샵, 사운드 파일 등의 기술적 혁신은 예술 기반 연구를 더욱 발전시켰다. 나는 예술 기반 연구가 초학제성을 증진하고 중요한 현실적 문제들을 해결할 수 있는 잠재성이 가장 큰 부분이 바로 공적 학문으로의 이동이라고 생각한다.

다른 책에서도 설명했지만, 예술 기반 연구는 학제적 경계를 넘고 학제간 협력을 포괄하는 초학제적 방법이라는 맥락에서 발전했다. 그렇더라도 "예술"을 포함하는 모든 연구 프로젝트가 초학제적 작업인 것은 아니다. 프로젝트가 초학제적이 되려면 이 책에서 설명한 원칙들이 어떠한 조합으로든 존재해야 한다. 즉, 여러 학제적 자원들을 끌어오고, 총체적인 접근법을 채택하고, 반응적인 방법론 전략들을 이용하는 것이다. 그래서 나는 예술 기반 연구의 실천을 다음과 같이 정의한다.

다양한 학제적 배경을 지닌 질적 연구자들이 데이터 수집, 분석, 해석, 발표 등을 포함한 사회연구의 모든 단계에서 사용하는 일단의 방법론적 도구들. 이러한 도구들은 총체적이고 참여적인 방식으로 사회연구의 질문들을 다루기 위해 이론과 실천이 결합된, 창의적 예술의 원칙들을 채택한다. 예술 기반 방법들은 문학적 글쓰기, 음악, 공연, 무용, 시각예술, 영화 등 다양한 매체를 이용한다 … 일단의 방법론적 도구들이기는 하지만 이러한 방법적 장르는 또 질적 패러다임을 확장하는 새로운 이론적, 인식론적 기반을 구성한다(Leavy 2009, 2-3).

사회 연구자들에게 예술이 매력적인 이유는 예술이 의식을 바꾸고, 감각을 정교화하고, 자율성을 증진하고, 인식을 개선하고, 복잡한 감정에 기반한 사회적 삶의 양상들을 표현할 수 있기 때문이다 (Eisner 2002, 10-19). 예술 기반 연구는 또 예술의 대립적, 전복적, 변형적, 저항적 힘을 이용한다.

학술 용어와 그 외의 배타적인 장벽들로부터 자유로운 예술은 다양하고 포괄적인 청중들에게 다가가면서 동시에 정서적, 정치적 자극을 제공할 수 있다. 예술은 또 사람들로 하여금 새로운 방식으로 사물을 보게 할 수 있는데, 감각을 통해 사람들과 연결되어 학제의 경계를 훨씬 넘어서는, 인간적인 수준에서 사람들과 만나기 때문이다. 예술은 또 생각이나 비판적 의식을 자극하는 대화를 촉진하고, 지배 이데올로기에 문제를 제기하며, 정형화된 이미지를 변화시킬 수 있다. 이러한 방식으로 예술 기반 연구는 지역사회 기반 연구 프로젝트에서 (일례로) 대화와 상호학습을 증진하는 수단으로 사용될 수 있다. 이해하기 쉬우면서도 여운을 남기는 방식으로 대중들에게 정보를 전달하는 예술의 능력으로 인해 예술 기반 연구는 여러 유형의 초학제적 프로젝트, 특히 연구의 결과가 여러 가지일 때 하나의 발표 도구로써 유용하게 사용될 수 있다.

예술 기반 연구의 장르는 다양하며 이들은 여러 가지 예술적 형식들을 이용한다. 다음은 예술 기반 장르의 몇 가지 예이다.

- 내러티브 탐구
- 소설, 문학 및 실험적 양식의 글쓰기
- 시적 탐구
- 연극/공연/무대예술
- 음악
- 무용과 움직임
- 시각예술과 사진

- 시청각예술과 영화
- 기타 매체 또는 매체들의 혼합

어느 장르에서나 여러 가지 방법이 이용될 수 있지만, 이 장에서는 초학제적 목표에 맞게 무대예술의 예를 중심으로 살펴보고자 한다. 이 장르의 최근 연구들은 중요한 이슈/문제들에 대응할 수 있는 큰 잠재성을 보여주었다. 공연을 이용한 연구는 지역사회 기반 연구의 목표들과 상당히 일치하는 경우가 많다(예술 기반 연구의 주요 장르들에 대해 보다 자세한 논의를 보려면 저자가 저술한 *Method Meets Art: Arts-Based Research Practice 2009*를 참조한다).

초학제적 연구 접근법을 통해 연구자들은 현실 세계의 문제들을 해결하는 유용한 지식을 생산할 수 있다. 최근 몇 년간 무대예술을 이용한 연구가 크게 증가했다. 나는 이러한 실천들을 통해 연구가 (우리가 기여하기를 원하는) 일반인들에게 개방되고, 따라서 초학제성과 일치하게 될 것이라고 믿는다. 또 이러한 실천들은 학제적 경계를 넘어선 어떤 것을 창조하기 위해 다양한 학제적 렌즈들(무대예술, 질적 연구법, 그 외의 많은 학제적 관점들)을 병합할 것을 요구한다. 그래서 이러한 연구 관행들은 초학제적 환경에서 개발되며 초학제적 비전을 보다 발전시킬 수 있다.

공연은 다양한 청중들에게 접근할 수 있으며 청중과 공연자/연구자 간의 교류 또는 전이를 유도한다. "교류"는 또 의미들을 해석하는 복잡한 협상과정을 포함할 수 있다(Leavy 2009). 공연자와 청중 간의 이러한 상호작용은 환경과 분위기에 따라 다양하게 나타난다 (Langeller & Peterson 2006).

사회연구에서 공연은 다음과 같은 여러 가지 연구 목적에 기여할 수 있다.

- 의식화
- 역량 증진
- 해방
- 정치적 의제
- 발견
- 탐색
- 교육
- 정보 공유

공연은 발표 양식으로 간주하는 경우가 많지만 발표뿐 아니라 데이터 수집과 분석 수단으로써 하나의 전체 연구 방법으로 사용될 수 있다. 또 공연 이론들은 방법론적 실천들과 혼합되는 경우가 많다. 따라서 공연은 조사이자 발표이다(Worthen 1998). 맥레오드McLed (1988)는 의미를 만드는 다섯 가지 방법(단어, 숫자, 이미지, 몸짓, 소리)이 있다고 제안했는데, 노리스Norris(2000)는 이 모든 것들이 연극에 통합된다고 설명한다. 공연법은 초학제성의 특징인 총체적 관점과 일치한다. 방법론적으로는, 인터뷰, 포커스 그룹, 대규모의 양적 조사, 문서 분석 등과 같은 전통적인 연구 방법들을 통해 수집된 데이터에서 연구에 기반한 연극들이 만들어질 수 있다(Leavy 2009; Nisker 2008; Norris 2009).

지난 수십 년간 무대예술 분야의 연구자들은 다른 여러 학제의 연구자들과 협력하여 다음과 같이 극예술에 기반한 다양한 방법들을 개척해왔다.

- 에스노드라마ethnodrama
- 에스노씨어터ethnotheatre
- 공연 민족지performance ethnography
- 공연 텍스트performance texts

- 플레이빌딩playbuilding
- 대중극장popular theatre
- 보건극장health theatre
- "억압받는 자들의 극장"theatre of the oppressed[3]
- 독자들의 극장Reader's theatre

이러한 접근법들을 보여주는 한 예로써 이 장에서는 플레이빌딩 playbuilding에 대해 자세히 다룰 것이다. 이 접근법이 예술 기반 연구 와 지역사회 기반 연구 모두의 원칙들을 이용함으로써 초학제성을 증진시킬 수 있는 상당한 잠재성이 있다고 생각하기 때문이다. 이를 비롯한 여러 가지 이유로 나는 플레이빌딩이 분명히 초학제적 연구 접근법이라고 생각한다.

핵심 원칙과 연구 설계 상의 문제들

초학제적 작업으로써 예술 기반 연구가 갖는 잠재성을 이해하기 위해서는 먼저 예술 기반 연구의 핵심 원칙들을 이해하는 것이 중요 하다. 지역사회 기반 연구에서와 마찬가지로 이러한 원칙들은 프로 젝트마다 크게 차이가 날 수 있다. 예술 기반 연구에 관한 문헌이 이 미 상당히 많고 또 급속히 증가하고 있기 때문에 그 모든 것을 이 책 에 담기는 어렵다. 이 장의 내용은 단순히 진지하게 다루어졌을 때 초학제성을 촉진할 수 있는 예술 기반 연구의 핵심 원칙들을 간략히 살펴보는 것에 불과하다.

---

3) "억압받는 자들의 극장Theatre of the Oppressed"은 아우구스토 보얼이 지배계급에 대응하는 수단으로써 개발한 것이다.

창의성과 혁신

모든 사물은 어떤 새로운 것, 낯선 것으로 변해야 한다.
- 헨리 워즈워드 롱펠로우

사회과학, 보건학, 교육학 분야에서 최근 목격되는 예술 기반 연구의 성장은 과학적 연구와 예술적 실천 간의 유사점들을 분석한 질적 연구자들에 의해 가속화되었다. 이를 위해서 몇몇 연구자들은 예술과 사회조사 간의 잘못된 양극화를 밝혀내기도 했다(Saarnivaara 2003 참조). 일례로, 과학적 연구와 예술적 실천은 모두 창의성에 의해 움직인다(Ernst 2000; Janesick 2001). 이와 관련하여 제인식Janesick은 "예술가-과학자들"artist-scientists이라는 용어를 제안한다(2001). 살다나Saldana(1999)는 연구와 예술적 실천이 모두 개념적, 상징적, 은유적인 사고를 요한다고 지적했다. 혁신과 직관력, 유연성은 학계와 예술계에서 핵심적인 역할을 한다. 그래서 이러한 실천을 강조하는 원칙들이 동일하다. 또 두 공동체 모두 발견하고, 탐색하고, 조명하는 것을 목표로 한다. 예술적 실천과 과학적 실천의 핵심 원칙들은 다음과 같이 요약할 수 있다.

- 개념적으로 사고하고 개념적 구조를 구축하기
- 상징적으로 사고하기
- 은유와 은유적 분석 사용하기
- 혁신
- 직관력
- 유연성
- 발견하고 탐색하고 조명하기

저자가 다른 책에서도 썼지만, 창의성과 혁신을 고려하면 "새로운 연구 구조"라는 측면에서 생각하게 된다(Leavy 2009, 258). 예술에 기반한 실천들은 방법론적으로 최선두에 있다고 할 수 있다. 즉, 연구자들이 새로운 실천들을 "조각하고" "새롭게 보는 방법들"을 만들어 내고 있다(Leavy 2009, 254). 방법론적으로, 예술 기반 실천은 혁신의 도구이다. 예술 기반 연구에 기반한 프로젝트에서는 ─아이디어를 생산하여 발전시키기 위한 시간과 공간이 제공되는─ 연구의 "인큐베이션 단계"가 일반적으로 상당한 관심을 받는다(Hunter 등 2002). 이로써 새로운 아이디어와 접근법들이 나올 수도 있다. 여기서 예술 기반 연구와 초학제성 간의 또 다른 연결이 나올 수 있다. 초학제성은 또 초기의 아이디어 생성 단계에 큰 관심을 기울인다. 예를 들어, 앞 장에서 설명한 바와 같이 지역사회 기반 연구에 대한 초학제적 접근법은 이해관계자들을 한데 모아 아이디어와 기대, 학제적 관점들을 공유하기 위해 상당한 준비 시간을 필요로 하는 경우가 많다. 이것이 다시 협상과정으로 이어지고 새로운 아이디어들이 나타난다. 그것의 좋은 예가 플레이빌딩이다.

플레이빌딩은 성격상 매우 협력적이기 때문에 아이디어 생성과 창의성에 상당한 관심을 요한다. 연구로써의 플레이빌딩은 공연으로 표현될 연상적인 텍스트를 협력적으로 생산하는 것이다(Barone 1990; Norris 2000, 2009; Tarlington & Michaels 1995). 조 노리스Joe Norris(2000, 2009)가 이러한 실천의 개발과 관련해 상당한 작업을 했기 때문에 나는 그의 연구를 많이 인용할 것이다.

플레이빌딩은 주제 또는 문제 중심적인 연구 전략이다(그래서 나는 이것이 초학제성을 증진한다고 생각한다). 여기서는 일단의 사람들이 모여 공동의 관심 주제에 대해 논의하고 연구한다(Norris 2009). 어윈Irwin과 코슨

Cosson(2004)이 개발한 '에이알토그래피'A/R/tography(artist-researcher-teacher) 프레임워크에 착안하여 노리스는 그러한 사람들을 '에이알터'A/R/Tor (actors-researchers-teachers)라고 불렀다. 나는 초학제적 프로젝트에서는 모든 협력자들이 연기자가 되거나 공연에 참여할 필요는 없다고 생각한다. 노리스가 제안한 방법을 그대로 따르지 않고도 플레이빌딩의 원칙들을 이용해서 프로젝트를 구성할 수 있는 여러 가지 방법이 있을 것이다. 궁극적으로 그룹이 어떻게 구성되든지 간에 그 과정에서 협력자, 파트너, 공동제작자, 공동 저자 등 모든 참가자들이 이해관계자라는 사실을 이해하는 것이 중요하다(Norris 2009). 그래서 이 연구 전략은 지역사회 기반 연구와 관련하여 앞서 논의한 것과 같은 비슷한 협력 상의 문제들을 야기한다. 그래서 나는 플레이빌딩이 예술 기반 연구와 지역사회 기반 연구의 원칙들을 병합한다고 생각한다.

에이알터 연구팀이 구성되면 해당 주제에 대해 브레인스토밍을 한다. 이 그룹은 자기민족지적 관찰autoethnographic observations을 이용하고 또 문헌 조사, 신문, 소설 등 다른 출처에서 얻은 데이터를 이용하기도 한다(Norris 2009). 초학제적 프로젝트에서는 연구팀이 필연적으로 (다양한 학제적 관점들을 가져오는) 문헌 조사를 이용할 것이며, 다수의 기존 자료들에서 발견한 데이터나 (인터뷰, 설문조사, 문서 분석 등) 여러 방식으로 수집한 원 데이터를 병합시킬 것이다. 초학제적 접근법을 적용할 때는 문헌 조사가 지식 구축 과정의 주축이 되어 대본 작성에서 기초로 이용될 수 있다.

지난 십여 년간 학교폭력과 사이버 폭력이 청소년 자살로 이어지는 등 심각한 학교폭력 사건들이 알려지면서 학교폭력 문제가 연구자들과 언론으로부터 상당한 관심을 받았다. 앞서 설명한 바와 같이 이 문제는 다음과 같은 여러 측면들을 갖고 있다.

- 심리적
- 사회적
- 기술적(예. 소셜네트워킹, 카메라가 장착된 휴대전화 등)
- 법적
- 교육적
- 경제적
- 사회적 지위(인종, 민족, 계급, 젠더, 섹슈얼리티, 종교, 신체적/정신적 건강)
- 기타

따라서 이 문제의 해결에 기여하고자 하는 연구는 초학제적 연구로 설계되어야 한다. 어느 학제도 단독으로는 학교폭력 문제를 해결할 수 없다. 학교폭력을 연구한 다수의 프로젝트들이 공연을 이용했다. 이러한 연구들로부터 우리는 예술 기반 연구를 학교폭력에 관한 대규모의 초학제적 연구에 포함시키는 전략을 배울 수 있다. 학교폭력에 관한 노리스의 작업은 아주 훌륭한 예가 된다.

노리스는 "미러 씨어터"Mirror Theatre라는 이름의 그룹을 통해 2백 개가 넘는 공연 작품들을 개발했다. 이 그룹은 학교폭력을 포함한 다수의 초학제적 주제들을 다루었다. "*What's the Fine Line?*"이라는 프로그램은 학교폭력에 관한 워크샵과 공연을 열었다(Norris 2009). 이 프로그램을 제작하기 위해서 에이알터 팀이 조직되었고 팀원들은 학교폭력에 관한 자신들의 경험을 공유했다. 그런 다음, 기존 문헌과 스미스Smith, 모로타Morota, 중어-타스Junger-Tas, 올위어스Olweus, 카탈라노Catalano, 슬리Slee가 진행한 초국적 연구(1999, Norris 2009에서 인용)를 이용했다. 이 연구는 탈의실에서 흔히 발생하는 여학생 간의 학교폭력에 관한 데이터를 담고 있다(Norris 2009). 여성 팀원들은 여학생 간의 학교폭력에 대한 자신들의 경험에 대해 이야기했다(Norris 2009). 이러한 데이터와 데이터에 대한 그룹 내 토론을 조합하여 "*The Girls' Locker Room*"이 만들어졌다(Norris 2009).

예술 기반 연구에 의해 증진되는 창의성과 혁신이 때로 학계에서 비판의 대상이 되는 경우도 있다. 일각에서는 혁신으로 인해 "아무것이나 해도 되는" 무질서 상태가 나타나고 과학적 수준이 하락할 것을 우려한다. 이와 관련하여 존스Jones(2006)는 "새로움"이 사람들을 "불편"하게 할 수 있다고 지적한다. 그러나 과학과 예술의 역사는 울타리를 밀어 확장시키는 바로 그 새로움에 기반하여 발전하며, 발전은 혁신을 필요로 한다. 발전은 지속적인 탐색과 발견, 창의성을 요구한다. 람세이 클라크Ramsay Clark는 이렇게 말했다. "격동은 생명력이다. 그것은 기회이다. 격동을 사랑하고 그것을 이용해서 변화시키자." 초학제적 비전과 예술 기반 실천의 병합은 연구 의제들을 발전시킬 엄청난 잠재력을 가지고 있으나, 그렇게 하기 위해서는 혁신을 두려워하지 말아야 한다. 나는 이 문제에 대해 다음 장에서 상세히 설명할 것이다.

진화적 또는 반응적 방법론을 이용한 총체적 접근

이상적인 경우, 예술 기반 연구는 총체적 또는 통합적 연구 접근법의 일환으로 이용된다(Hunter 등 2002; Leavy 2009). 예술 기반 연구가 초학제적 비전에 의해 움직이는 초학제적 프로젝트에서 이용될 때 그것은 이러한 유형의 총체적 접근법을 증진한다. 앞서 지적한 것처럼, 총체적 접근법은 연구 프로젝트의 각 단계를 명시적으로 연결하고 이론과 실천을 병합한다. 총체적 접근법은 또 과정 중심적이다

(Hesse-Biber & Leavy 2009). 이러한 측면에서 예술 기반 연구를 증진하는
데 필요한 직관력과 유연성은 (3장에서 검토한 바와 같이) 방법론에 대한 진
화적 또는 반응적 접근법을 통해 방법론적으로 가능해진다. 초학제
적 성격의 예술 기반 연구는 새로운 통찰, 새로운 학습, 예상치 못한
데이터(그리고 지속적인 그룹 논의)를 통해 데이터를 재분석하고 연구 설계를
수정하는 반복적인 사이클이 작동하는, 신중하고 성찰적이고 반응적
인 방법론을 증진할 수 있다. 플레이빌딩의 반복적인 과정이 그 예이
다. (*"What's the Fine Line?"*의 예에서 볼 수 있듯이) 플레이빌딩 과정은 보통 다
음과 같이 진행된다.

> 먼저 데이터를 수집하고(생성), 데이터를 분석하고(해석), 데이터를 전달(공연)
> 하는 것으로 마무리한다. 일례로, 에스노드라마에서는 데이터를 전통적인 방
> 법으로 수집하고 분석한 다음 "대안적" 형태의 발표를 통해 전달한다. 플레이
> 빌딩의 경우에는 다른 방식으로 데이터를 생산하여 해석하는데, 때로는 이 세
> 단계가 동시에 이루어진다(Norris 2009, 22).

플레이빌딩의 결과물은 라이브 공연으로, 청중들이 이 과정에
참여하면서 다시 새로운 데이터나 데이터의 해석이 나타날 수 있다
(Norris 2009). 일례로, 혼합 또는 다중 방법 프로젝트에서 공연 이후의
논의나 포커스 그룹을 통해 다음 단계를 위한 데이터를 생성할 수도
있다. 여기서도 마찬가지로 반복적인 과정을 통해 새로운 해석이 등
장한다는 점에서 지역사회 기반 연구의 프로세스와 유사점이 있다.

개념적 문제, 다중성, 그리고 다양한 대중들을 참여시키는 문제

예술 기반 연구가 유용성을 발휘할 수 있는 현실세계의 문제들은 무수히 많다. 일례로, 예술 기반 연구는 다음과 같은 주제의 프로젝트들에서 사용되었다. 기아(Thomas 2008), 인종/인종차별주의/차별/편견(Denzin 2003; Gatson 2003; Norris 2009; Thomas 2008), 폭력(Hershorn 2005; Norris 2009), 빈곤(Diamond 2004), 보건/의료(Bergum & Dossetor 2005; Gray, Fitch, Labrecque & Greenberg 2003; Locsin, Barnard, Matua & Bongomin 2003; Mienczakowski 1994; Nisker & Bergum 1999; Picard 2000; Poindexter 2002), 식이장애/바디 이미지/"몸"(Chan 2003; Leavy 2010; Norris 2009; Snowber 2002), 트라우마(Harvey, Mishler, Koenan & Harney 2000), 애도(Vickers 2002); 학교폭력(Norris 2009; Thomas 2008). 이러한 모든 예에서 예술 기반 연구는 중요한 문제들을 탐색하고, 설명하고, 의식화를 증진했다. 물론 이러한 주제는 여기에 나열한 것보다 훨씬 많다. 초학제적 활동의 증진과 관련하여 나는 예술 기반 연구가 세 가지 장점이 있다고 생각한다.

첫째, 예술 기반 연구는 특히 고도로 개념적이며 근본적인 사회적 삶의 측면들을 다룰 때 유용하다(Sinner 등 2006). 예를 들어, 예술 기반 연구는 인간의 핵심적인 측면인 애도, 수치심, 사랑과 같은 감정을 다룰 때 유용하다. 또 편견이나 연민과 같이 경험을 형성하는 태도를 다룰 때도 이용될 수 있다. 이러한 유형의 감정과 태도들은 빈곤, 폭력, 학교폭력, 질병 등의 주제와 연관된다. 예를 들어, 사진이나 다른 시각예술 설치물이 관중들로 하여금 인종차별주의나 동성애 혐오증과 같은 문제를 다른 관점에서 보고, 자신의 태도와 가정을 성찰해보도록 할 수 있다. 마찬가지로, 성역할이나 "가족"에 대한 정형화된 이미지에 도전하는 전시회를 통해 관객들이 그동안 당연하게 여겼던 가정들을 되짚어보도록 할 수 있다. 총체적, 초학제적 접근법들은 이처럼 다루기 어려운 문제들을 이용할 수 있으며, 예술 기반 연구는 이러한 상황에서 특히 유용성을 발휘할 수 있다.

둘째, 예술 기반 연구는 권위적인 주장을 밀어붙이는 대신 다중적인 의미를 형성할 수 있는 가능성을 연다. 예를 들어, 하나의 시각 예술 작품은 보는 사람(그 사람의 태도와 가치, 과거 경험)에 따라 그리고 보는 맥락에 따라 여러 가지 방식으로 해석될 수 있다. 예술 작품을 이해하는데 단 하나의 정해진 방법이란 없다. 이러한 측면에서 연구를 바탕으로 한 예술 작품은 '의미 형성'을 민주화하고 "전문가"로서의 학자들을 분권화시킨다. 초학제적 활동에서는 여러 참여 집단들의 이해가 첨예하게 대립하기 때문에 이것이 중요할 수 있다. 여기서 우리는 보건학에서 공연을 이용한 사례들을 살펴볼 수 있다.

보건 연구에서는 공연을 이용하는 사례가 점차 늘고 있다. 이러한 연구의 목표는 대중 교육에서부터 정형화된 이미지의 타파, 새로운 윤리적 문제의 탐색, 보건정책 개발 시 다양한 집단(소외집단)을 포함시키는 것에 이르기까지 다양하다. 이들 프로젝트는 일반적으로 다양한 이해관계자들을 참여시켜야 할 필요성이 있기 때문에 초학제적 접근법에 의해 크게 증진될 수 있다.

연구를 바탕으로 창작된 몇몇 연극들은 의료와 관련한 새로운 윤리적 문제들을 다룬다. 이러한 환경에서는 공연을 통해 일반 대중을 포함한 다양한 이해관계자들을 한데 모아 과학적 진보의 인간적인 측면들을 탐색해볼 수 있다. 일례로, 캐나다보건연구소Canadian Institutes of Health Research와 캐나다 보건부Health Canada의 기금 지원으로 진행된 제프 니스커Jeff Nisker의 연구(2008)에서 저자는 예측적 유전자 검사에 대해 "Sarah's Daughters"를, 그리고 유전자 시장과 관련한 시험관 배아 시험에 대해 "Orchids"라는 작품을 썼다. "Orchids"는 영어와 불어로 16회 공연되어(Nisker 2008) 연구 기반의 연극이 상당히 많은 일반인 관객들을 접할 수 있다는 가능성을 보여주었다.

또 애비 브라운Abi Bown(2004)의 "Mind the Gap"와 같이 정신질환 문제를 다룬 연극들도 있다(Nisker 2008). 이 프로젝트들은 정형화된 이미지에 문제를 제기하고, 낙인을 줄이고, 효과적인 공공서비스의 필요성을 강조하는 수단으로 사용되는 경우가 많다. 짐 미엔차코프스키Jim Mienczakowski는 이러한 유형의 연구를 선도적으로 이끌어왔다. 따라서 나는 그의 협력적 작업을 한 예로써 설명하고자 한다.

미엔차코프스키Mienczakowski와 스미스Smith, 모건Morgan(2002)은 조현병(정신분열증) 환자들과의 인터뷰를 바탕으로 보건극장 공연을 개발했다. "Syncing Out Loud"라는 제목의 이 공연은 관객들로 하여금 연구 참가자들인 조현병 환자들의 관점에서 그 문제를 보도록 했다. 이 공연은 조현병과 정신질환 일반에 대한 통념과 편견에 문제를 제기했다. 이 분야에서의 경험을 바탕으로 미엔차코프스키와 동료들은 보건학 내에서 공연 중심의 방법론을 통해 의료서비스의 소외집단과 그 돌봄 제공자들이 목소리를 낼 수 있는 공간을 만들 수 있다고 설명했다. 따라서 연극은 억압된 목소리들을 보여주고, 정형화된 이미지와 오해에 대해 교육시키고 문제를 제기하고 이를 타파하는데 이용될 수 있다. 연극은 또 해방의 잠재성이 있다(Mienczakowski 1995). 나는 지침적 관점으로써 초학제성이 지역사회 기반 연구의 원칙들을 중진할 뿐 아니라 이러한 잠재성을 더욱 촉진할 수 있다고 믿는다.

여기에는 유념해야 할 윤리적 문제들이 상당히 많다. 보건극장은 대중 공연의 한 형태이다. 따라서 연구자가 정보 제공자들의 기밀성을 보호하고 정보 제공자와 그들의 환경을 훼손하지 않을 의무가 있는 것처럼, 연구자는 또 공연 이후에 그 공연이 관객의 안녕에 끼칠 영향을 책임져야 한다(Bailey 1996, 2007 참조). 에스노드라마 공연을 관람한 결과로 관객들이 위험에 처하는 사건들이 발생하면서 윤리적 지침을 마련해야 할 필요성이 제기되었다(Mienczakowski, Smith & Morgan 2002).

니스커는 다양한 이해관계자들에게 대본 초안을 제공하여 피드백과 "현실성 점검"을 받고 서로 다른 관점들을 검토할 것을 제안한다(2008, 619). 초학제적 프로젝트에서 다양한 관점들을 적극적으로 통합시키고 협상하려면 이러한 피드백이 필요하다. 미엔차코프스키 등은 해당 주제에 관한 지식을 갖고 있는 사람들 앞에서 공연을 시연해볼 것을 제안한다. 이들은 또 "공연 후 포럼 세션"을 통해 공연에 대한 관객들의 반응을 분석하여 공연의 효과를 평가할 수 있다고 설명했다(2002, 49). 이것은 주민들을 대상으로 건강관리에 관한 교육을 제공하는 지역사회 기반 연구에서 중요해 보인다. 이 세션을 진행하는 중에 편견과 오해를 찾아내어 개선할 수 있다. 앞서 설명한 것처럼, 많은 프로젝트에서는 공연 후에 그룹 논의나 포커스 그룹 또는 기타 모임 형식을 통해 추가적인 데이터를 수집하는데, 이는 예술 기반 연구에서 초학제성을 적용하는 한 예이다. 이때 수집한 데이터는 향후의 공연이나 다른 데이터 수집 또는 연구 결과의 전달 시에 이용할 수 있다. 따라서 공연 후에 이루어지는 논의와 데이터 수집 단계는 반응적 방법론의 한 부분이다. 니스커(2008)는 공연과 공연 후 토론 세션의 중간에 짧은 휴식시간을 갖도록 하면, 관객들이 새로운 정보를 처리하고 또 즉흥적인 감정적 반응들로부터 거리를 둘 수 있다고 제안했다. 연구자들이 윤리적 문제에 직면하면서 이러한 방식으로 연구의 유용성에 대한 신뢰도를 높이는 방법들을 만들어낼 수 있다.

공연 전/후의 대화뿐 아니라 초안 작성 과정에 이해관계자들이나 지역사회 구성원들을 참여시키면 윤리적 안전성을 크게 도모할 수 있다. 공연을 둘러싼 이러한 단계들은 각기 다른 위치에 있는 이해관계자들과 신뢰와 라포를 형성할 기회가 된다. 마찬가지로, 연구팀은 다양한 학제적 관점들을 조율할 수 있다. 그래서 공통된 이해를 구축할 기회를 얻는다. 더 나아가, 반응적/참여적 접근법에 따라 이러한 시간들은 수정과 (재)협상을 위한 공간을 만들어낸다. 지역사회 기반 연구에서 이러한 공간들은 또 참가자 확보 문제를 해소하는데 도움이 된다. 이 단계들은 서로 다른 관점들을 학습하고 그 유효성을 인정하며 그로 인해 지속적인 참여 가능성을 높이는 중요한 기회가 된다. 적극적인 교육적 요소가 포함된 프로젝트에서는 이것이 특히 중요할 수 있다.

이 사례들과 윤리적 문제들은 또 예술 기반 연구 프로젝트에 존재할 수 있는 두 가지 난관을 드러낸다. 연구자들은 예술의 메시지가 갖는 모호성 또는 잠재적인 모호성(여러 가지 해석의 가능성)을 다루어야 한다. 첫째, 이는 데이터에 대한 다양한 해석의 가능성과 구체적인 해석을 제시해야 할 필요성 사이에서 균형을 잡아야 한다는 말이다. 둘째, 다양한 해석들이 그 예술에 노출된, 연구 참가자들에게 끼칠 영향과 그 외의 (공공정책 등과 관련한) 보다 포괄적인 함의들을 윤리적 측면에서 성찰해야 한다. 이는 작품에 대한 모든 잠재적인 해석들을 사전에 파악하지 못할 수도 있다는 점에서 쉽지 않은 문제이다. 그러나 다음과 같은 전략들을 적용할 수 있다.

- 프로세스에 주요 이해관계자들을 참여시킨다.
  - ☑ 다양한 지점에서 다양한 이해관계자들/비이해관계자들의 의견을 구하고, 사이클을 반복하면서 피드백을 반영한다.
- 1차 결과들을 공유한다.
  - ☑ 피드백을 구하고, 피드백을 제공한 사람들에게 보고하고, 그들을 대상으로 후속 작업을 진행한다.

이러한 전략들을 통해 연구자들은 공연에 대한 다양한 해석과 함의들을 보다 더 잘 이해하고 또 어느 정도까지는 가능한 해석의 정도를 가늠해볼 수 있다.

지식 생산과 전달의 민주화라는 문제는 예술 기반 연구의 세 번째 장점, 즉 다양한 대중들을 연구의 산물과 연관시키는 측면과 관련이 있다. 예술 기반 연구는 배타적인 전문용어가 없고 보다 폭넓은 관객들을 접할 가능성이 크다는 점에서 공적 학문을 확장시키는데 사용될 수 있다. 여기서 지역사회 기반 연구와 예술 기반 연구 간의 연결이 분명해진다. 예술 기반 연구는 지역사회 기반 연구 안에서 여러 가지 방식으로 사용될 수 있다.

예를 들어, 아이디어 생산 과정 중에 다양한 이해관계자들(연구자, 지역단체 관계자, 지역 주민)이 자신들의 아이디어와 관점을 협력적으로 구축하고 협상하는 방법으로써 "개념 맵핑"concept mapping을 이용할 수 있다. 그렇게 하려면 컬러 매직과 큰 포스터 보드/종이/화이트보드만 있으면 된다. 프로세스는 이렇게 진행될 수 있다.

- 종이의 가운데에 검은색 매직으로 연구와 관련된 주요 개념 또는 문제(예. "건강 개입," "지역사회 폭력" 또는 "학교폭력")를 적는다.
- 그런 다음, 참가자들이 자신의 관점을 바탕으로 연관된 개념

과 문제들에 대해 이야기한다. 다른 색깔의 매직을 이용해서 그룹 안에서 나온 아이디어들을 가지고 초기 개념으로부터 확장해 나간다.

• 개념들 간에 연결을 만든다. 이때 점선이나 실선을 이용해서 개념 또는 문제들 간의 관계성의 강도를 나타낼 수 있다.

이것은 아이디어 생산 과정에서 시각적 전략을 사용하는 한 예로, 또 지역사회 기반 연구에서 팀 구축 활동으로 이용될 수도 있다.

예술에 기반한 데이터 생성법은 또 초학제적인 지역사회 기반 연구에서 사용될 수 있다. 일례로, 플레이빌딩과 기타 공연 방법들을 이용하여 데이터를 수집하고 해석할 수 있다. 그러한 측면에서 그리고 이 장에서 계속 지적하는 바와 같이 예술 기반 연구는 참여적 연구 설계의 한 부분으로 이용되는 경우가 많다(그래서 예술 기반 연구는 다시 지역사회 기반 연구 프로젝트의 일부 목표에 부합한다). 마지막으로, 지역사회 기반 연구 프로젝트에서 효과적인 방식으로 관련 지역사회에 연구 결과를 전달하기 위해 (지역 주민센터나 미술관, 상업용 건물에서 미술 전시회를 하거나 공연을 하는 등) 예술 형식의 발표를 이용할 수 있다. 예술 형식의 발표는 비판적 의식과 생각을 증진하는 기능을 하는 경우가 많기 때문에 일부 지역사회 기반 연구에서 매우 유용하게 활용될 수 있다. 학교폭력에 관한 수잔 토마스Suzanne Thomas의 연구는 아주 좋은 예이다.

수잔 토마스(2008)는 학교폭력에 관한 지역사회 기반 예술교육 프로젝트의 일환으로 공연 기반 연구를 이용했다. 이 연구에서 토마스는 연구자와 교생 및 지역사회 구성원들로 그룹을 만들어 프로젝트를 위한 개념적 구조를 구축했다. "*Bullying Inside Out*"이라는 제목의 이 프로젝트는 "교사들이 학교폭력의 정서적, 신체적, 심리적 측면들을 조사하고, 가해자와 피해자 및 방관자 간의 역학을 탐색하며 … 역할극과 노래, 춤의 혼합으로 학교폭력과 사이버폭력의 다양한 차원들을 드러내는" 공연에서 정점을 이루었다(Thomas 2008, 78). 학교폭력에 대한 이러한 접근법은 혼합 또는 다중 방법의 한 부분으로써 초학제적 연구에서도 사용될 수 있다. 예를 들어, 다학제적 연구팀이 초학제적 문헌 조사를 실시하고 대규모 설문조사, 소규모의 심층 인터뷰 및/또는 포커스 그룹, (학교 운동장, 식당 또는 온라인에서의) 민족지적 관찰 등을 통해 데이터를 수집할 수 있다. 또 다음과 같은 이해관계자들을 연구에 참여시킬 수 있다.

- 학부모
- 교사
- 상담교사
- 사회복지사
- 학교 운영진
- 방과후 교사
- 공립학교 스쿨버스 운전기사
- 지역 지도자
- 기타

대본 작성은 아이디어를 생성하고 협상하는 과정이 될 수 있다. 공연은 연구 결과의 전달 방법에 포함될 수 있다(그리고 공연 후 토론이나 포커스 그룹에서 논의를 촉진하는 도구로 사용되어 추가적인 아이디어를 생산할 수도 있다). 일반인들이 이해하기 어려운 학술적 글쓰기와 달리 공연은 연령, 교육, 기타 여러 요소들 면에서 보다 넓은 청중들을 접할 수 있다. 또 다음과 같이 집단에 따라 다른 공연을 기획할 수 있다.

- 초등학생

- 중고등학생
- 대학생
- 학부모와 학부모/교사 모임
- 교사, 상담교사, 학교 사회복지사
- 교수 및 대학교 교직원
- 지역사회 지도자 및 정책 결정자

공연은 공립학교 강당이나 대학교, 기타 지역사회에서 진행할 수 있다.

미   학

이상적으로 볼 때, 예술은 자극적이고, 도발적이고, 생각을 유도하며, 계몽적이고, 때로는 마음을 사로잡는다. 예술은 다른 방식으로 도달하기 어려운 앎과 느낌의 차원들을 이용할 수 있으며 사람들이 다른 방식으로 사물을 보도록 돕는다. 예술은 또 사람들의 감각이 높아지는 즐거운 경험을 제공할 수 있다. 그러나 예술 세계에서는 이러한 이상이 거의 실현되지 않을 가능성이 높다. 대신, 예술의 심미적 또는 예술적 질은 매우 다양하게 나타난다. 예술 기반 접근법을 사용할 때는 결과물의 원숙성artfulness을 염두에 두는 것이 중요하다. 그렇게 하기 위해서는 차용하는 예술 양식에 주의를 기울여야 한다(Leavy 2009). 초학제성은 (문헌 및/또는 협력자들을 통해) 다양한 학제적 전문성이 유의미하고 지속가능한 방식으로 연구과정에 삽입되기 때문에 예술 기반 연구의 예술적 가치를 더욱 발전시킬 가능성이 있다. 이것은 예술 기반 연구의 또 다른 장점이 될 수 있다. 즉, 학제적 교차수정을 향한 방향으로 연구자들을 움직이는 것이다. 예술적 가치의 달성을 고려하고 또 그렇게 하고자 시도하는 일이 중요하지만 그것을 연구의 목표와 연관시켜야 한다. 단순히 예술을 위한 예술이 아니라 큰 연구 프로젝트의 한 부분이기 때문이다. 연구 주제가 모든 실천의 중심에 있어야 한다.

플레이빌딩의 예로 돌아가보면 플레이에서 "원숙성"이 하는 역할을 볼 수 있다. 플레이빌딩은 데이터를 발표하기 때문에 유의미한 방식으로 극예술의 원칙들을 이용해야 한다. 노리스는 데이터에서 연극으로 리뷰를 진행하면서 이 단계에 대해 다음과 같이 설명한다. "에이알터A/R/Tor는 은유와 복합재료, 연극적 스타일을 이용하여 그럴 듯한 삶의 경험들을 만들어내고 대화를 유도하는 텍스트(연극적 비네트)를 만들기 위해 생성된 데이터를 이용하고 신중하게 예술적 라이선스를 이용한다"(2009, 35). 다시 말해, 원시 데이터가 개인적, 2차적, 실증적 출처에서 얻은 것일지라도 연극 대본 작성의 원칙들이 이용된다. 연구자들은 등장인물의 성격 묘사, 대화/독백 구성, 플롯 구성, 줄거리 구성, 장면 설정 등의 작업을 진행할 수 있다(Saldana 1999). 또 특정 순간들을 강조하거나 길게 끌 것인지를 결정해야 한다.

사회연구에서 생성된 예술 작품들이 예술 분야에서 개발된 심미적, 예술적 범주를 충족시켜야 한다고 주장하는 연구자들도 있지만 (일례로, Faulkner 2009 참조), 나는 그렇게 생각하지 않는다. 이상적으로는 연구 기반의 예술 작품들이 관련한 예술 양식에 주의를 기울이지만, 유용성을 갖기 위해 "위대한" 예술 작품이 될 필요는 없다(Leavy 2010). 필연적으로 이슈/문제 중심적이 되는 초학제적 연구에서 관건은 유용성이다. 그렇다면 질문은 다음과 같아진다.

- 목표가 무엇인가?
- 생산된 예술작품들이 연구 목적에 비추어볼 때 효과적인 도구

가 될 수 있는가?

- 이슈/문제가 연구 과정의 중심에 있었는가? (작품의 예술적 품질이 연구 목적보다 우선해서는 안된다)

표 5.1 예술 기반 연구의 원칙과 설계 상의 문제

창의성과 혁신	창의성과 직관력, 유연성을 이용한다. 연구자들은 새로운 연구 구조와 사물을 보는 새로운 방식을 구축할 수 있다.
진화적 또는 반응적 방법론을 이용한 총체적 접근	연구와 실천, 그리고 성찰을 증진하는 반응적 또는 반복적 방법론들을 연결하는 통합적 연구설계
개념적 문제들, 나중성, 다양한 대중의 참여	까다로운 문제들(때로는 고도로 개념적인 주제들)을 이용하고, 의미 형성과정을 개방하며, 포괄성과 창의적인 발표 양식 및 다양한 전달 통로를 통해 다양한 대중들을 참여시킬 수 있다.
심 미 성	연구 결과의 유용성과 관련된 원숙성으로, 유용성을 염두에 둔 상태에서 해당 예술 양식에 주의를 기울이고 연구 결과의 도발적, 자극적, 계몽적, 감각적 표현물을 생성한다.

나는 연구 기반의 예술을 평가할 때는 연구자들이 "좋은 예술작품인가?"라는 질문보다는 "이 작품은 어디에 유용한가?"라는 질문을 해야 한다고 생각한다(Leavy 2010). 심미성과 예술적 장점이라는 문제는 다음 장에서 평가에 대한 논의를 할 때 간략하게 다시 검토할 것이다.

정책적 함의

아우구스토 보얼Augusto Boal은 그의 선구자적 작품인 *Theatre of the Oppressed*(1985)와 *Legislative Theatre: Using Performance to Make Politics*(1998)에서 연극의 정치적 역량을 보여주었다. 보얼(1985)

은 연극이 사람들을 행동하도록 교육시키고, 정보를 제공하고, 선동할 수 있는 매우 효과적인 정치적 무기라고 단언했다.

연구 기반 공연에 대한 초학제적 접근법 또는 다른 형태의 예술 기반 연구를 이용하여 공공정책에 영향을 끼칠 방법들은 많이 있다. 우선, 가장 큰 잠재력은 정책 개발 과정에 대중들을 참여시키는 데 있다. 공공정책은 권력의 영향을 많이 받으며 겉보기에는 중립적인 듯 보이나 권력 다툼이 심한 정치적 맥락에서 만들어진다(Wedel 등 2005). (지역 주민들이 자신들의 개발 과정에서 배제되는 것처럼) 다양한 이해관계자들이 정책 개발 과정에서 배제되는 경우가 흔하다. 정책 연구에서 언제나 직면하는 난제 중 하나는 정책 개발 과정에 시민들을 참여시킬 수 있는 효과적인 전략을 개발하는 것이다(Nisker 2008). 정책 연구자들은 의제 설정을 포함하여(McTeer 2005), 이 과정에 대중을 참여시킬 수 있는 새로운 도구를 필요로 한다(Nisker 2008). 이와 관련하여 니스커는 "극장은 인식적으로 그리고 감정적으로 다양한 관점을 지닌 다수의 시민들을 참여시키고, 그들에게 관련 정보를 제공하고 … 시민들이 정책 연구 목적에 대해 의견을 개진할 수 있는 포럼을 제공하기 때문에 매우 훌륭한 도구가 될 수 있다"고 주장했다(2008, 614).

초학제적 맥락에서 창작된 공연은 정책 개발 과정에 관련 이해 당사자들과 일반 대중들을 참여시킬 수 있는 잠재성이 매우 크다. 첫째, 초학제성은 다양한 관점들을 들여온다. 둘째, 지역사회 기반 연구에서와 같이 참여적 설계를 지향하는 경우가 많다. 셋째, 극장은 다음과 같은 잠재력을 갖고 있다.

- 정형화된 이미지에 도전하거나 사람들이 문제를 다른 방식으로 생각해보도록 자극한다.
- 차이들 간에 다리를 놓는다.

- 차이들을 드러낸다.
- (정보를 제공하거나 사회문제에 적극적으로 참여함으로써) 정보를 제공하고 교육시킨다.
- 사람들과 깊이 연결하여 그들에게 "다가가고" 이 문제와 관련하여 그들이 중요성을 인정받고 있다고 느끼게 한다.

보건정책 연구자들이 공연의 힘을 이용해서 주요한 보건 문제들을 다룬 예는 수없이 많다. 보건정책 개발을 위해 연극을 도구로 사용한 예로는 2004년에 다이아몬드Diamond가 쓴 "Practicing Democracy"라는 제목의 작품이 있는데, 이 연극에서는 어떻게 빈곤이 건강에 영향을 끼치는가를 보여준다. 앞서 언급한 2004년에 보운Bown이 쓴 "Mind the Gap"은 정신질환 문제를 보여준다. 또 2001년에 니스커가 쓴 "Sarah's Daughters"라는 연극은 예측적 유전자 검사와 관련한 윤리적 문제들을 다루고, 2001년에 역시 니스커가 쓴 "Orchids"는 유전자 표지를 위해 시험관 배아 시험과 관련한 문제들을 탐색한다 (Nisker 2008). HIV/AIDS, 유방암, 치매 등에 관한 연구를 바탕으로 제작된 연극 등 공연을 이러한 방식으로 사용하는 예는 그 외에도 많이 있다(Nisker 2008).

보건정책 연구자들은 보건정책의 개발과정에 다양한 집단의 대중들을 참여시키기 위해 극예술의 잠재성을 적극적으로 활용하여 사람들에게 정보를 제공하고 있다(Nisker 2008).

니스커는 다음과 같이 썼다.

보건 문제이 중심에 사람을 놓는 연극 작품들은 그 정책 개발에 책임이 있는 모든 사람들(예. 환자, 환자 가족, 일반 국민, 보건 전문가)이 새로운 과학적 가능성과 윤리적 문제들, 그리고 가장 중요하게는 거기에 관여된 사람들을 보다 잘 이해하도록 도울 수 있다(2008, 615).

보건 문제를 넘어서 오늘날에는 실험실 배아 시험이나 줄기세포 연구, 유전자 복제 등 과학과 기술이 교차하는 지점에서 많은 윤리적 문제들이 출현하고 있다(McTeer 2005). 이러한 문제들은 성격상 초학제 적이며 일반 국민들에게 지대한 영향을 끼친다. 따라서 연구자들은 일반인들이 관련 정보를 숙지한 상태에서 이러한 논의에 참여할 수 있는 방법을 찾아야 한다.

이제 어떻게 다양한 주제들에 대한 초학제적 공연 기반 연구를 이용하여 일반 대중을 정책 개발 과정에 참여시킬 것인가를 상상할 수 있을 것이다. 예를 들어, 언론의 주목을 받는 심각한 사건이 발생 했을 때, 학교폭력과 사이버 폭력에 대한 대중적 관심이 급증했다. 정보 공유, 의제 설정, 우려와 구제방법을 담은 문서 작성 등을 통해 학생과 학부모, 교사, 학교 운영진, 방과후 교사, 스쿨버스 운전기사 등 다양한 이해관계자들을 정책 과정에 참여시킬 수 있다. 그 가능성 은 무궁무진하다.

제 6 장
평가 전략과 초학제성의 미래

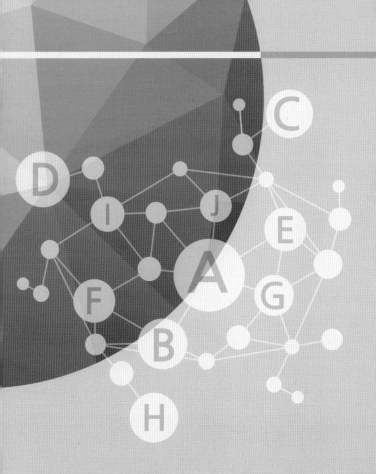

제6장 | 평가 전략과 초학제성의 미래

> 조용했던 과거시내의 교리는 폭풍우 몰아치는 지금의 상황과는 어울리지
> 않는다. 난제가 산적해 있고, 우리는 그 현실을 딛고 올라서야 한다. 지금 우
> 리는 새로운 문제에 맞서 새롭게 생각하고 새롭게 행동해야 한다. 우리는 스
> 스로를 해방시켜야 한다.
>
> - 에이브러햄 링컨

초학제적 연구에서 평가는 특히 까다로운 문제이다. 명확한 공
동체가 아직 굳건히 확립되지 않았기 때문이다(Wickson 등 2006). 그렇
다고 해서 연구자들이 계속해서 쳇바퀴를 도느라 시간과 노력을 낭
비해야 한다는 말은 아니다. 연구자들이 초학제적 활동에 신뢰성을
구축하기 위해 일상적으로 활용할 수 있는 다양한 전략들이 있다. 몇
몇 예에서는 연구의 목표와 방법론적 설계에 따라 타당성이나 신뢰
도, 이식가능성, 정통성 등과 같은 일반적인 방법들을 혼용하기도 한
다. 또 평가와 관련한 생각과 신뢰성, 상응 전략들에서 혁신이 일어

나고 있다. 어느 연구 패러다임에서나 그렇듯이 나는 평가의 문제를 먼저 초학제성의 원칙과 연관지어 생각해보는 것이 가장 바람직하다고 생각한다.

초학제적 연구는 필연적으로 문제 중심적이다. 이는 모든 설계상의 문제들이 해당 연구 문제와의 관계 속에서 결정되어야 한다는 뜻이다. 연구 전략은 연구 주제와 목적에 따라 개발되어야 한다. 따라서 초학제적 연구는 크게 연구 문제를 효과적으로 다루는가, 연구 목적에 부합하는가, (관련 학제들의 전문성을 들여오는지 등) 해당 연구 문제를 다루기 위해 적절한 전략을 사용하는가의 측면에서 평가할 수 있다. 또 초학제적 연구는 유용하게 쓰이기 위한 것이기 때문에 유용성도 주요한 평가 범주가 된다.

이 책의 앞부분에서 나는 윅슨 등(2006)을 인용하여 초학제적 연구가 일반적으로 다음과 같은 설계적 특징을 갖는다고 설명했다.

1. 반응적 목표(목표를 정교화하고 변화시킨다)
2. 포괄적인 준비(여러 학제들로부터 이론과 문헌 수집)
3. 진화적 방법론
4. 중요한 결과("여러 의제들을 만족시키면서" 문제의 해결에 기여한다[p. 1057])
5. 효과적인 의사소통
6. (개인적 성찰과 더불어) 공동의 성찰(pp. 1056-1057)

효과적인 프로젝트를 구축하고 우리가 또는 다른 사람들이 시행한 프로젝트들을 평가할 방법을 찾을 때는 주요한 설계 요소들로 돌아가 그러한 요소들이 얼마나 잘 달성되었는가를 살펴보는 것이 도움이 된다.

그러한 측면에서 초학제성의 주요 특징이나 측면들이 얼마나 잘 현실화되었는가를 살펴보는 것도 유용할 수 있다. 1장에서는 다양한 모델들을 검토했는데, 그 중 한 예로 폴과 헤이돈은 "1. 학제적 패러다임들의 초월과 통합, 2. 참여적 연구, 3. 현실세계의 문제에 집중, 4. 학제들을 넘어선 지식의 통합을 향한 모색"(2007, 70)을 제시했다.

재차 설명하지만, 이들이 제시한 모델은 여러 가지 방법으로 차용할 수 있으며, 따라서 평가에 관한 주장들도 언제나 특정 프로젝트와 연관지어 고려해야 한다.

이 장에서 나는 초학제적 활동을 강화시킬 수 있는 몇몇 전략들을 정리해볼 것이다. 또 (특정 프로젝트에서 이용된 학제적 방법들과 관련한 전통적 평가 개념들을 넘어서) 초학제적 연구를 다룰 수 있는 주요한 평가 개념들을 검토할 것이다. 이 장에서 제시하는 연구 강화/평가 전략들을 볼 때는 그러한 전략들이 웍슨 등이 설명한 일반적인 설계적 특징들과 폴 및 헤이돈의 범주들에 어떻게 상응하는지를 보자. 마지막으로 나는 초학제성의 미래에 대한 의견을 제시하고, 우리의 지식구축 관행에서 학계가 지속적으로 발전해나갈 수 있는 방법들을 제안할 것이다. 이러한 맥락에서 나는 학계가 직면한 제도적 도전들을 짚어보고, 왜 낙관적인 전망이 가능한가에 대해 이야기하고자 한다.

프로젝트를 강화시키는 전략들

반응성과 유연성

초학제적 연구는 확인된 요구/필요에 대응하도록 설계된다. 다시 말해, 초학제성은 우리가 현실세계의 문제들을 다룰 수 있게 하는 하나의 방향이자 접근법이다. 초학제적 연구 설계는 일반적으로 반

응적 또는 반복적인 방법론적 접근법을 따르기 때문에 성찰과 재협
상 그리고 새로운 통찰에 따른 수정의 기회들이 내재되어 있다. 연구
설계에 대한 반응적 접근법은 연구 문제와 질문들이 연구과정의 중
심에 자리하도록 돕는다. 이와 관련하여 니콜레스쿠(2002)는 초학제적
연구자들이 엄격성과 개방성, 관용성을 지향한다고 주장하면서, 엄
격성은 끊임없는 탐색의 결과이고, 개방성은 미지의 것에 대한 수용
을 의미한다고 설명한다(여기서 우리는 유연성과 혁신 간의 연관성을 볼 수 있다). 한
편으로 연구 프로젝트는 반응적 방법론의 원칙들을 얼마나 잘 따랐
는가를 바탕으로 평가할 수 있다. 이러한 맥락에서는 유연성과 적응
이 강점으로 간주된다.

　　연구 주제를 효과적으로 다루고 반응적/반복적 접근법을 이용하
기 위해서 연구자들은 프로젝트의 모든 단계에서 유연성을 유지해야
한다. 예를 들어, 연구자 및/또는 연구 파트너들은 (문헌, 범학제적 전문성
등을 통해) 열린 태도로 자신에게 익숙하지 않은 방법과 전략, 해결책을
찾아야 한다. 초학제적 연구는 (연구 목표에 부합하는) 다중 방법 또는 혼합
방법 설계를 이용하는 경우가 많다. 이와 관련하여 고려해야 할 질문
들은 다음과 같다.

- 반응적/반복적 방법론을 따랐는가?
  - ☑ 연구 문제가 연구 프로세스의 중심에 있었는가?
- 프로세스가 진행되는 동안 연구자들이 유연성을 유지하고 열
  려 있었는가?
- 연구자들이 새로운 통찰에 적응했는가?

혁신과 창의성

이 책에서 재차 지적한 바와 같이, 초학제성은 혁신과 창의성을 필요로 한다. 이것은 참가자 모집 방법에서부터 연구 결과의 발표 형식에 이르기까지 다양한 방식으로 일어날 수 있다. 이때 고려해야 할 문제들을 몇 가지 예로 들자면 다음과 같다.

- 연구 문제를 여러 가지 관점에서 고려했는가?
- 학제적 지식들을 새로운 방식으로 조합하여 연구 문제에 도움이 되도록 했는가?
  - ☑ 새로운 개념적 프레임워크가 혁신적인가? 방법론적 접근법이 문제를 효과적으로 다룰 수 있을 정도로 창의적인가?
- 연구자/연구 파트너들이 새로운 방법이나 전략을 시도해보고자 하는가?
  - ☑ 연구자/연구 파트너들이 새로운 생각과 접근법들에 열려 있는가?
- (해당사항이 있는 경우) 연구 문제를 다루기 위해 적절한 테크놀로지를 이용했는가?

1차 결과의 교차 점검과 상호주관성intersubjectivity의 구축

다양한 학제 또는 직업군에서 온 협력자/파트너들이 프로젝트에 참여할 때는 다양한 관점들을 포괄하는 분석 전략을 개발하는 것이 중요하다. 이 책의 앞부분에서 설명한 것처럼, "분석 사이클"이라고도 불리는(Tenni, Smith & Boucher 2003) 1차 결과의 교차 점검(Flinterman 등 2001)이 도움이 된다. 이러한 전략들에서는 한쪽이 책임지고 분석/부호화 작업을 한 후 분석 결과를 다른 파트너들에게 회람하여 의견을 구하고, 피드백 루프를 반복해서 가정들을 재점검할 수 있다(Flinterman 등 2001). 어느 것이든 이러한 전략을 채택하면 "상호주관성"intersubjectivity 을 구축하여 데이터의 타당성과 신뢰성을 강화시킬 가능성이 크다. 초학제적 프로젝트에서 상호주관성을 획득하는 일이 중요한 이유는 다양한 학제적 관점들을 한데 모아 개별적인 학제적 렌즈를 넘어서 충분히 점검하고 상호 합의를 구축했다는 의미이기 때문이다.

적절한 방법론적 원칙의 준수

채택한 방법론적 전략들의 원칙을 따르는 것도 중요한데 이것은 프로젝트마다 다양하다. 예를 들어, 지역사회 기반 연구에서는 협력, 권한의 공유, 역할분담, 지역사회 구성원들의 유의미한 참여, 성공적인 참가자 확보 전략의 사용, 문화적으로 민감한 정의와 개념의 구축이라는 측면에서 지역사회 기반 연구의 원칙들을 따르는 것이 중요하다. 예술 기반 연구에서는 차용하는 예술 매체의 양식을 고려하는 것이 중요하다. 예술 기반 연구의 목표로는 자극, 도발, 반향(여운)이 있을 수 있다. 예술 기반 연구 프로젝트의 "효과성"과 "가치"는 이러한 원칙들이 얼마나 잘 현실화되었는가라는 문제와 연관될 수 있다. 또 평가에서 예술을 이용한 발표의 "예술적 가치"나 "심미성"을 고려할 수도 있다. 이때 "활력"vigor이 전통적인 개념의 "엄격성"만큼 또는 그보다 더 중요하게 간주될 수 있다(Sinner 등 2006). 바꿔 말하자면, 활력이 엄격성에서 기인하는 것으로 보여질 수 있다. 전통적인 양적 또는 질적 방법들을 채택할 때는 관련된 방법론적 원칙들을 엄격히 따르는 것이 중요하다. 예를 들어, 양적 설문지를 이용하는 연구는 (타당성을 획득하기 위해) 도구 개발과 관련한 표준, (도구의 신뢰성을 시험하기 위한) 사전 시험, (윤리적인 방식으로 응답을 최대화하기 위한) 도구의 집행 등을 따라야 한다. "표준" 관행에서 벗어나면 적절한 설명을 제시해야 한다. 따라서 방법론적 결정 과정을 공개하면 연구 결과에 대한 신뢰를 구축하는데 도움이 된다.

연구 결과의 발표와 전달

초학제적 연구는 대체로 그 유용성이라는 측면에서 평가되어야 한다. 뒷부분에서 평가 범주로써 프로젝트의 가치를 검토할 때 이 문제를 다시 언급할 것이지만, 특히 학계 외부에서의 연구의 유용성을 높인다는 것은 발표와 전달의 문제를 중시해야 한다는 말이다. 이로써 초학제적 연구는 공직 학문을 확장시키는데 사용될 수 있다. 따라서 우리가 기여하고자 하는 다양한 청중/집단들에게 다가가기 위해 진지한 노력을 기울이는 것이 매우 중요하다. 프로젝트와 대상 집단의 성격에 따라 다양한 전략들을 이용할 수 있다.

일례로, 예술적 양식을 따라 데이터를 발표할 수 있다. 다양한 집단 간의 상호 이해를 증진하고, 공감대를 형성하고, 정보를 공유하고, 반향을 일으키는 한 방법으로 연극을 활용할 수 있다. 지역의 주민센터, 갤러리, 상업용 공간, 종교기관 등에서 다양한 양식으로 연구 결과를 발표할 수 있다. 연구 결과는 또 기고문 등의 형태로 지역 신문에 내거나 공영 라디오 방송에서 전달할 수도 있다. 대중 강연을 하거나, 길거리 축제에서 정보를 전달하거나, 대학교의 오픈하우스를 이용하는 등 다양한 청중들을 접할 수 있는 창의적인 행사들을 조직할 수도 있다. 새로운 발표 스타일과 전달 통로로 신기술을 이용할 수도 있다. 예를 들어, 국제적인 웹사이트를 구축할 수 있다. 전통

적인 형태의 연구 보고서나 논문을 작성할 때는 다양한 학제적 출판
물에 맞게 연구 결과를 다양한 버전으로 출판하여 학계의 여러 분야
에 전달되도록 하는 것을 고려해볼 수 있다.

표 6.1 평가 전략의 요약

전략(원칙)	실천
반응성과 유연성	연구 문제에 중점을 두는 반응적/반복적 방법론
혁신과 창의성	연구 문제를 다루기 위해 다양한 학제적 자원들을 활용한다.
상호주관성	성찰적이고 협력적인 분석 과정
방법론적 원칙들	채택한 방법론적 전략들의 원칙을 적절히 따른다.
발표와 전달	대중/관련 당사자들에게 연구 결과를 전달한다. 창의적인 양식과 전달 통로를 이용하여 다양한 이해관계자 집단에서 연구 결과의 전달성, 이해성, 유용성을 높인다.

평가 개념

총체적, 시너지적, 통합적 접근법

모든 프로젝트가 다르게 구조화될 것이지만 초학제적 프로젝트
를 위해 개발된 연구 전략은 연구 목적과 질문들에 대해 총체적인
접근법을 채택해야 한다. 프로젝트의 총체적 성격을 평가하는 세 가
지 개념은 1) 완전성thoroughness, 2) 일치성congruence, 3) 명료성explicitness
이다. 일반적으로, 우리는 프로젝트 범주의 적절성을 평가하고자 할
수 있다. 프로젝트가 "전체"를 고려하고 있는가? 이는 연구 전략이
주어진 연구에서 조사 가능한 최대 한도로 연구 문제를 고려해야 하

며, 다양한 관점에서 그 문제를 보아야 한다는 말이다. 채택된 방법과 샘플은 연구 주제를 효과적으로 다루어야 한다.

- 관련된 학제/간학제적 지식군을 이용했는가?
- 다양한 학제적/문화적 렌즈를 이용해서 주요 개념들을 정의했는가?
- 초학제적 방향성이 지속적으로 적용되었는가?
- 연구자들이 사물을 보는 새로운 방식에 열려 있는가?
- 연구자들이 다른 "모양"으로 지식을 구축하는 것에 열려 있는가?

완전성

무엇을 했고, 왜 했고, 무엇을 발견했는가를 명확히 밝히는 것 외에, 연구자들은 또 프로섹트의 "완전성"을 설명해야 한다. 프로젝트가 고안되고 수행된 방식에 대해 알고 나면 독자들은 합리적인 접근법이 사용되었는가를 보고자 할 것이다. 완전성은 샘플링과 데이터 수집 및 데이터 발표의 완전성과 연구의 포괄성을 의미한다 (Whittemore, Chase & Mandle 2001). 이 평가의 한 부분으로써 독자들은 다음과 같은 질문을 할 것이다.

- 포괄적이고 총체적인 접근법을 사용했는가?
- 관련 문헌군(그리고 학제적 또는 실천적 전문성)을 충분히 그리고 효과적으로 사용했는가?
- 데이터 수집 절차가 연구 질문들을 철저하게 다루었는가? 연구 질문들에 철저히 답했는가? (언제나 이것이 가능하지는 않으며 이것 때문에 연구 성과를 폄하할 필요는 없다는 점을 기억하자.)
- 샘플이 적절한가?
  - ☑ 샘플이 프로젝트에 적절한 사이즈인가?

☑ 샘플이 해당 인구를 대표하는가?

• 혼합 또는 다중 방법 설계의 경우, 연구의 각 단계들이 서로
연관되어 있는가? 서로 간에 정보를 제공하는가?

일치성

관련된 또 하나의 평가 개념은 일치성이다. 일치성은 연구 프로
젝트의 다양한 요소들이 어떻게 서로 어우러지는가를 말한다.

• 프로젝트가 잘 고안되었는가?

• 방법론이 타당한가?

> 일치성은 연구 질문과 방법, 결과 간에, 데이터 수집과 분석 간에, 현재 연구
> 와 기존 문헌들 간에, 연구 결과와 실천 간에 명확히 드러나야 한다(Whittemore
> 등 2001, 532).

일치성의 문제는 본 장의 앞부분에서 논의한 지식 구축에 대한
통합적이고 시너지적인 접근법과 관련이 있다. 연구 전략의 모든 측
면들이 분명하게 서로 연결되어야 한다. 또 범학제적 자원과 전문성
을 더할 때는 단순히 "더 하기 위해서" 더 하는 가산 모형이 아니라,
유의미하고 시너지적인 방식으로 연결해야 한다.

이와 관련하여 다벨레이 등(2000)은 "다학제적 시너지"가 문제
해결의 도구라고 제안한다. 그리고 그러한 이상을 실현하려면 연구
자/연구 파트너들이 학제간 시너지가 생성될 수 있는 부분을 끊임없
이 탐색해야 한다는 것이다(Darbellay 등 2000). 이를 위한 실질적인 전략
중 하나는 특정한 학제의 "범위를 넘어서는" 것들의 목록을 만드는
것이다(Darbellay 등 2000, xxiv).

명료성

초학제적 연구를 "명료성"이라는 측면에서 생각해볼 수도 있다 (Whittemore 등 2001). 명료성은 연구자가 방법론적 전략들과 프로젝트 내에서의 연구자의 역할에 대해 설명했는가에 관한 것이다. 주제 선정, 연구 설계 상의 선택, 데이터 수집 절차, 데이터 분석, 해석 절차 등 연구자가 명료하게 밝힐 수 있는 몇 가지 영역들이 있다. 연구자가 방법론적 전략과 프로젝트에서 자신의 역할에 대해 설명을 했다면 독자는 다음의 질문들에 대한 답을 얻을 수 있을 것이다.

- 연구지 및/또는 연구 파트너들이 어떻게 이 주제에 관심을 갖게 되었는가?
  - ☑ 이 프로젝드에 대한 그들의 이해관계와 투자는 무엇인가?
  - ☑ 이 프로젝트를 시작한 그들의 전반적인 목표나 목적은 무엇이었는가?
  - ☑ 어떠한 학제적 또는 실천적 관점과 경험을 프로젝트에 반영했는가?

이와 관련해서는 관련한 정치적 의지, 사회활동가들의 의지나 목표, 주제에 대한 개인적 연관성, 해당 주제의 연구와 관련한 도덕적 의무(현실세계의 문제 해결, 정책 개발 시의 대중 참여 등), 해당 주제를 연구하는 기타 이유 등에 대해 논의해볼 수 있다.

- 연구 설계의 선택이 명료하게 설명되었는가?

연구 설계와 관련하여 검토해볼 수 있는 문제들이 몇 가지 있다. 첫째는 연구 목적과 연구 질문의 문제이다.

- 연구의 목적은 무엇이며 연구를 이끄는 질문들은 무엇인가?
- 그러한 내용이 명료하게 제시되어 있는가?

연구 목적과 관련 질문들에 대한 명료하고 솔직한 설명에서 더 나가면 목적과 질문이 적절한가의 문제에 도달한다.

- 연구 목적과 연구 목적의 구성이 타당한가?

  ☑ 연구 목적과 질문들 간에 일치성이 있는가? 그러한 연구 질문들에 대한 답변이 실질적으로 연구 목적에 기여할 것인가?

  ☑ 전략이 유용하며 문제 중심적인가?

  ☑ 그러한 질문들에 대한 답을 구하면서 그러한 연구 목적으로 프로젝트를 수행하는 것의 가치는 무엇인가? 할 만한 가치가 있는 프로젝트인가?

둘째, 데이터 수집법의 선정과 관련한 문제가 있다.

- 연구자 또는 연구 파트너들이 어떻게 그 방법 또는 방법 전략을 선택했는지가 명확한가?

- 그 방법 또는 방법들의 혼합을 사용한 근거가 제공되었는가 또는 명확한가?

- 하이브리드 또는 다른 혁신적 방법들을 사용한 경우 그러한 구성과 사용이 명시되었는가?

특정한 연구 목적/질문들과 그러한 목적/질문들을 다루기 위해 선택된 방법이 언제나 정확히 맞아야 한다(Hesse-Biber & Leavy 2011). 초학제적 프로젝트는 일반적으로 (혼합 방법, 다중 방법, 하이브리드 방법 설계 등) 복잡한 방법적 설계를 이용하기 때문에 그러한 선택의 이유가 명료하게 설명되어야 한다. 이것은 또 초학제적 연구 공동체를 형성하고 초학제적 패러다임을 발전시키는 작업의 일환이다. 연구자들은 자신들의 강점과 약점을 포함하여 자신들이 사용/개발한 전략들에 대한 "기록"을 생성할 필요가 있을 것이다. 이러한 유형의 정보를 공유하는 것이 매우 중요하다.

셋째, 샘플링과 적절한 참가자들을 모집하는 문제가 있다.

- 연구 참가자들은 어떻게 선정되었는가?

- 샘플의 전반적인 구성은 어떠한가? (예를 들어, 참가자는 몇 명이고, 인구학적 특징은 무엇인가?)
- 참가자들은 어떻게 모집되었는가?
  - ☑ 연구의 주제 및 목적과 (기금, 지리적 위치, 주제의 민감성, 주제와 관련한 인구집단 등) 현실적 문제들에 비추어볼 때 이 과정이 합리적이고 적절한가?
  - ☑ 모집 전략을 마련할 때 지역사회는 어떠한 역할을 했는가(해당사항이 있는 경우)?
- 연구가 진행되는 동안 참가자들을 확보하기 위해 어떠한 전략들을 사용했는가?
  - ☑ 그러한 전략들은 얼마나 효과적이었는가?
  - ☑ 연구 후에 참가자들에 대한 후속작업이 있었는가(해당사항이 있는 경우)?

협력적 연구의 경우에는 이것이 연구팀에도 적용된다.

- 이 연구 프로세스에 참여할 이해관계자들은 어떻게 찾아서 초대하였는가?
- 연구자나 연구팀이 자신들의 윤리적 실천 기준을 명확히 밝혔는가?
  - ☑ 예를 들어, 정보를 숙지한 상태에서 동의가 이루어졌으며, 기관의 감독위원회로부터 승인을 받았는가?
  - ☑ 윤리적 실천 기준과 관련한 차이들은 어떻게 했는가?
  - ☑ 문화적 민감성은 어떻게 다루었는가(해당사항이 있는 경우)?

넷째, 문헌 조사의 역할이 있다.

- 문헌 조사는 연구 설계 과정을 구축하는데 어떻게 기여했는가?
- 관련된 학제적 문헌과 이론들을 어떻게 찾아내고, 이해하고, 포함시켰는가?

  프로젝트에 관한 논문이나 책을 쓸 때 연구자들은 연구 설계, 데이터 해석, 발표를 포함한 프로젝트의 모든 단계에서 문헌이 어떠한 역할을 했는지를 밝혀야 한다.

  연구 설계의 문제에 이어서, 데이터 수집 과정의 명료성을 살펴볼 수 있다.

- 데이터 수집 과정에 수반된 것은 무엇인가?
- 데이터가 생성된 방식을 명확히 볼 수 있는가?
- 팀원들을 대상으로 (예를 들어, 지역사회 기반 연구의 작동방식이나 양적/질적 연구 또는 데이터 분석법 등에 대해) 훈련이 필요했는가?
- 방법론적 원칙들을 따랐는가?
- 프로세스가 윤리적이었는가?

데이터 분석 및 해석 과정도 명시되어야 한다.

- 데이터는 어떻게 다루었는가?
  - ☑ 데이터는 어떻게 부호화되었는가 또는 통계적으로 분석되었는가?
  - ☑ 메모 노트는 어떻게 생성되었는가?
- 부호화된 또는 통계적으로 분석된 데이터에서 어떻게 의미가 구축되었는가?
- 다양한 연구자/이해관계자/지역사회 구성원들은 이 프로세스에서 어떠한 역할들을 했는가?
  - ☑ 그들은 어떻게 훈련받았는가?
  - ☑ 그들은 자신들의 해석을 어떻게 협상하고 공유했는가?
- 해석 과정에 도움이 되는 방식으로 학제적 관점들을 적용하고 학제성을 초월하기 위해 어떠한 노력을 했는가?

간단히 말하자면, 데이터를 분석하고 해석한 과정을 볼 수 있는가?

유용성과 공적 학문

나는 유용성이 초학제적 연구 프로젝트에서 매우 중요한 성공의
척도라고 생각한다. 이와 관련하여 고려할 질문들은 다음과 같다.

- 할 만한 가치가 있는 프로젝트인가?
- 연구 주제가 중요한가/유의미한가(연구 주제가 지역적 맥락에서 중요한가
  라는 의미가 될 수도 있다)?
- 이 프로젝트와 관련된 도덕적, 윤리적 또는 사회정의적 의무
  가 있는가?
- 연구가 확인인 요구/필요들을 다루는가?
  - ☑ 누구의 요구/필요인가?

초학제성은 문제 중심적이라는 점을 고려할 때 그러한 문제의
해결과 관련된 프로세스나 연구 결과의 유용성은 매우 중요하다. 연
구가 관련 질문에 대한 완전한 대답을 제공해야 한다거나 문제를
"해결"해야 한다는 말이 아니다(대부분의 경우 성공적인 프로젝트란 해결을 위해 한
단계 나아갔다는 의미이다). 대신, 다음과 같이 질문할 수 있다.

- 이 연구의 가치는 무엇인가? 또는 이 프로젝트는 어떠한 측면
  에서 가치가 있는가?
  - ☑ 무엇에 유용한가?

프로젝트의 유용성이나 가치를 생각할 때 고려해야 할 한 가지
문제는 "공익성"이다.

- 연구가 특정 지역사회, 인구집단 또는 인구 전반에 기여하는가?
- 연구를 통해 대중들이 중요한 문제에 관심을 갖게 되었는가?
- 해당 인구집단에 연구 결과가 전달되었는가?
  - ☑ 연구 결과를 다양한 청중들에게 제공하기 위해 어떠한 매체를 이용했

는가?
☑ 연구 결과의 전달을 위해 어떠한 통로를 이용했는가?
☑ 발표/전달을 위한 선택이 적절하고 효과적이었는가?
☑ 대상 청중들에게 전달되었는가?

간단히 말해서, 프로젝트가 유용했으며 그 가치가 학계 너머로
확장되었는가?

지금까지 나열한 질문들은 인류가 직면한 근본적인 문제들을 다
루는 과정에서 학계의 역할에 관한 당대의 우려들을 반영한 것이다.
초학제성은 당대의 연구적 필요에 대한 대응이자 학계가 유용하고
유의미한 지식을 구축하지 못했다는 자각에 대한 대응이다. 어언스
트Ernst는 "대학교는 새로운 개념의 인큐베이터로 기능하며, 대중적
논의를 자극하는 문화 중심지로 행동해야 한다"고 하였다(2008, 133).
반응적이고, 윤리적 동기가 있으며, 문제 중심적인 접근법에 기반한
초학제적 연구는 유용한 연구를 생산하는데 필요한 혁신과 참여를
증진할 수 있는 잠재력이 있다.

표 6.2 평가적 개념의 요약

평가적 기준	평가적 개념
연구에 대한 총체적, 시너지적, 통합적 접근법	완전성(포괄적인 접근) 일치성(프로젝트의 요소들이 서로 잘 맞음) 명료성(연구 설계, 데이터 수집, 분석 과정이 명료함)
유용성과 공적 학문	프로젝트가 확인된 요구/필요를 다루며, 유용하고, 공익에 기여한다. 프로젝트 결과가 관련 이해관계자들에게 전달되었다. 사회정의에 기반한다.

초학제성의 미래: 다리 놓기

오늘날 미국에서는 경직된 양당체제에 대한 국민들의 실망과 좌절감이 갈수록 커지고 있다. 선출된 공직자들이 소속 정당의 이익만을 대변하느라 바쁘고, 현실적인 문제를 해결하는 것이 아니라 무조건 상대편 당에 반대하는 데만 급급하기 때문이다. 때로는 정치 시스템이 완전히 교착된 상태에서 서로 먼저 협력하기만을 기다리는 것처럼 보인다. 우리는 정치인들이 자신의 정치적 이해관계에만 치중하느라 많은 역할을 제대로 하지 않는 모습에서 많은 것을 배울 수 있다. 국민이 아닌 당에 대한 충성은 발전을 저해한다. 그러면 현실의 문제들을 보고 적절히 대응할 수 없으며, 자신들이 헌신할 의무가 있는 사람들, 바로 국민들을 위해 집합적인 자원을 이용할 수도 없다.

학계도 마찬가지다. 아무리 의도가 좋더라도 경계와 울타리는 우리가 당면한 많은 초학제적 요구/필요들에 대응하고자 할 때 반드시 필요한 혁신과 협력을 가로막는다. 사회는 많은 심각한 문제들에 직면해 있으며, 학계는 우리의 집합적인 전문성과 자원들을 이용하여 문제를 해결할 방법을 찾아야 한다. 사회가 직면한 문제들은 어느 한 학제의 인위적인 울타리 안에서 나타난 것이 아니며, 하나의 학제적 실천이 충분한 (포괄적이고 맥락 중심적인) 해결책을 제공하지도 않을 것이다. 우리는 서로에게서 배우고 협력할 방법을 찾아야 한다. 우리는 초학제성을 추구해야 할 도덕적, 윤리적 의무가 있다. 어언스트는 우리 세계가 "해체"되고 있으며, 학계가 "그것을 막을 의무"가 있다고 단언했다(2008, 132). 마찬가지로, 니콜 모건Nicole Morgan(2000)은 지식 생산의 학제적 구조가 경쟁을 야기하고 공동의 목표를 수립하지 못하

도록 막기 때문에 초학제성을 발전시킬 윤리적 의무가 있다고 역설
한다.

　이를 위해 어언스트는 시급히 대학 안의 장벽들을 허물고 "결합
된 프로젝트들"을 구축할 필요가 있다고 호소했다(2008, 127). 초학제
성에 관한 문헌들을 깊이 있게 조사한 결과, 나는 초학제성이 학제성
을 위협한다는 생각은 근거없는 우려라는 사실을 확신하게 되었다.
초학제성과 문제 중심적인 접근법에 따라 우리가 학제성을 다른 방
식으로 생각하게 되는 것은 맞지만, 학제적 훈련과 교육이 갖는 장점
들을 없애지는 않는다. 이에 대해 어언스트는 "집중은 이해를 위해
반드시 필요하며, 이해를 위해서는 범주를 확장하는 것이 필요하다"
고 하였다(2008, 126). 이것은 고도로 세분화된 학제적 지식이 프로세
스에서 필요한 한 부분이지만, "과학의 최선단"에 서기 위해서는 초
학제적 방향성이 필요하다는 의미이다(Ernst 2008, 126). 우리는 학제성
을 통해 나무를 보고, 초학제성을 통해 숲을 볼 수 있다.

학계의 발전을 위하여

모든 새로운 적응은 자존감의 위기이다.
- 에릭 호퍼

　학계는 오랫동안 변화와 혁신을 두려워해왔다. 일례로, 실증주
의와 양적 패러다임에 대한 질적 연구자들의 도전은 거대한 회의론
에 부딪혔고 지금도 학계에서 논란이 되고 있다. 존스Jones는 새로운
것이 사람들을 "불편"하게 한다고 했지만(2004), 나는 이러한 상황에
서 혁신은 사람들로 하여금 영역에 집착하게 만든다고 생각한다(Klein

2000 참조). 위협받는다는 느낌이 들면, 사람들은 자신의 울타리를 치열하게 방어하고 새로운 실천과 관점을 비판한다. 평가는 언제나 전통적인 연구 관행과 기준을 방어하는 사람들이 공격하는 문제였다. 이들은 혁신적인 기술이 사용되면 엄격성과 질이 하락하고, "어떻게 해도 상관없다"는 식의 생각이 만연하게 될 것이라고 우려한다. 빙산의 일각만을 보여주는 이 책에서 설명한 바와 같이, 가장 혁신적인 프로젝트라도 신뢰성을 확보할 수 있는 전략들이 많이 있다. 더 나아가, 나는 새로운 연구적 실천들이 기존의 평가 범주를 강화하고 우리의 연구 활동에서 신뢰를 구축할 수 있는 다양한 전략들을 발전시킬 수 있는 잠재성이 있다고 생각한다. 이와 관련하여 모건은 초하제성이 "그동안 특정 이해집단의 로비와 관료주의적 절차, 이미지로 인해 위기에 치한" 괴학적 기준들을 구축할 수 있는 길을 제공한다고 주장한다(2000, 41). 모건은 또 초학제적 연구 공동체가 초학제적 기준들을 협상하고 유지하는 독립적이고 국제적인 간학제적 전문기구를 만들어야 한다고 제안했다(Morgan 2000). 러셀 등(2008)과 마찬가지로 나 역시 그 정도로 제도화될 경우 의도하지 않게 혁신을 저해하는 결과를 낳을 수 있다는 우려가 있지만, 그러한 제안이 있다는 것은 연구 공동체가 한데 모여 우리의 두려움에 맞서고, 평가 기준을 끊임없이 재협상할 수 있는 가능성이 있다는 뜻이라고 생각한다.

엄격성의 결여 및 학제적 권위의 위협에 대한 두려움 외에도, 발전을 저해하고 클라인이 말한 "발견의 결여"를 야기할 수 있는 제도적 구조들과 그에 따른 현실적인 문제들이 있다(2000, 52). 대학의 학제 구조는 연구자들이 학제적 연구를 증진하고 초학제적 혁신을 가로막는 경력 구조에 집중하도록 만든다. 이것이 가장 자명하게 드러나는 영역은 1) 승진, 2) 학술 출판의 구조, 3) 연구 기금인데, 이 세 영역은 상호 연결되어 있다.

학계의 경력 구조: 승진, 출판, 기금

초학제성 측면에서 보면 종신직 제도는 양날의 칼과 같다. 일반적으로 종신 재직권과 승진 기준에서는 소속 학제 내에서의 출판, 소속 학제의 발전, 한 가지 전문 영역에서의 연구 의제 개발과 출판 기록이 중시된다. 이러한 과정은 특성화를 증진하고, 혁신과 개방성, 창의성 등 초학제성에 필요한 자질과 실천을 저해한다. 클라인(2000)은 역으로 모험과 혁신을 중시하는 제도적 구조에 초학제성을 증진할 수 있는 잠재성이 있다고 말한다. 또 종신 재직권과 승진에서는 단일 저자에 의한 저작물이 선호(요구)되는데, 이는 협력적 프로젝트와 공동 저술, 범학제적 파트너십을 크게 제한한다. 종신 재직권 Tenure과 승진 시간표는 또 비교적 단기간에 완료될 수 있는, 포커스가 제한적인 소규모 프로젝트를 선호하고 암묵적으로 그러한 프로젝트를 요구한다고 볼 수 있다(Klein 2000 참조).

종신 재직권 및 승진과 관련한 모든 문제들에도 불구하고 종신직 제도는 초학제성의 발전에 필요한 학문적 자유와 혁신을 증진하기도 한다(Ernst 2008). 또 간학제적 및 다학제적 프로그램으로써 범학제적 학습 공동체와 지역연구, 통합학문 프로그램들은 모두 (강의, 연구, 서비스 등을 포함한) 학술기관의 구조 안에서 의미 있는 자리를 확보했고 이러한 발전은 초학제성이 성장할 수 있는 길을 닦았다. 더 나아가, 나는 학계가 현실세계의 중요한 문제들을 해결하는 길을 향해 힘차게 나아간다면 학술기관들도 그러한 노력을 뒷받침할 방법을 찾게 될 것이라고 굳게 믿는다. 기관이 먼저 바뀌기를 기다리는 대신, 이에 관심 있는 연구자들이 우리의 방대한 지식/자원/전문성을 이용할 수 있는 문제 중심적 프로젝트를 개발할 수 있고 그렇게 한다면 자연스럽게 학계 구조가 바뀔 것이다.

종신 재직권 및 승진 관련 문제들과 마찬가지로, 학술 출판의 학제적 구조도 초학제성에 중대한 문제를 제기한다. 이와 관련해서 두 가지 측면을 살펴볼 수 있다.

첫째, 종신 재직권과 승진 또는 "경력 구축"의 목적으로 연구자들은 흔히 학제적 출판물에 논문을 게재하도록 요구 받으며 그렇게 한 것에 대해 보상을 받는다. 또 저널들 간에 등급이 있다. 물론 이러한 범주에서의 출판은 1) 수행하는 연구의 주제와 범위 그리고 2) 출판된 연구물의 청중/독자층을 크게 제한한다. 후자의 경우, 독자의 "학제화"는 연구 결과의 잠재적 유용성을 크게 축소시키고 초학제성을 저해한다. 학제 기반의 출판물이 번성하는 상황에서도 특정 학제에 국한되지 않는 현안 영역이나 지역연구 관련 저널의 출판도 증가하는 것을 볼 수 있다. 더 나아가 나는 학제의 힘이 막강하기는 하지만, 저널 출판사와 편집자, 논문 심사자들이 현실적으로 중요한 주제를 다루는 연구를 만나거나 초학제성의 증가세를 보면 거기에 맞추어 조정을 할 것이라고 믿는다.

출판과 관련한 두 번째 문제는 전통적인 연구 논문 양식 또는 "모양shape"에 대한 것이다. 연구자들이 연구 보고서의 구조에 대해 이야기할 때 양식 또는 형식이라는 단어를 사용하는 경우가 많지만 나는 "모양"이라는 말을 쓴다(Leavy 2009 참조). 여기에 대해 간략히 설명하자면 이렇다. 여러 해 전에 토크쇼 호스트인 찰리 로즈Charlie Rose 가 내가 가장 좋아하는 음악가이지 피아니스트, 싱어송라이티인 토리 에이모스Tori Amos를 인터뷰한 적이 있었다. 에이모스는 다섯 살 때 피바디 음악대학Peabody Conservatory의 최연소 입학생이 되었으나,

비틀즈 앨범을 가지고 와서 교수들에게 그런 유형의 음악을 공부하
자고 제안했다는 이유로 11살 때 제적을 당했다. 그녀는 교수들이
"그것이 다른 모양"이라는 이유로 그걸 생각조차 하지 못했다고 말
했다. "모양"이라는 단어는 우리 작품의 형태와 관련되지만 또 형태
가 컨텐츠의 모양을 만들고 그러한 컨텐츠가 청중/독자들에 의해 받
아들여지는 방식을 규정하기도 한다. 따라서 나는 "모양"이라는 측
면에서 연구 결과물을 발표하는 것에 대해 생각한다. 서로 다른 문제
들을 성공적으로 다루고 다양한 청중들에게 효과적으로 전달하려면,
다양한 모양으로 보고 다양한 모양으로 된 지식을 생산할 수 있어야
한다. 나는 또 다양한 "모양"으로 된 연구를 보고 생성할 필요성을
강조함으로써 지식 구축/전달 관행을 형성하는 과정에서 학계가 지
속적으로 일익을 담당해야 함을 강조하고자 한다.

　　수십 년 동안 지역사회 기반 연구는 연구 결과물이 취할 수 있
는 다르면서도 여전히 유효한 모양들을 고안해야 할 필요성을 보여
주었고 여기에 대해서는 앞서 설명한 바 있다. 우리가 기여하고자 하
는 지역사회에 다가가기 위해서, 지역사회 기반 연구의 원칙들은 학
계로 하여금 대중과 연결될 수 있는 발표 양식들에 문을 열도록 했
다. 마찬가지로, 예술적 매체를 이용한 연구 결과의 발표를 강조하는
예술 기반 연구 역시 형태와 컨텐츠의 연결에 주목하고 발표에 관한
많은 연구자들의 생각에 영향을 끼쳤다. 예술 기반 연구의 원칙들은
연구자로 하여금 연구 문제와 연구의 수혜집단에 집중하도록 돕는
다. 따라서 예술 기반 연구 원칙들은 발표에 대한 반응적이고 요구/
필요 중심적인 접근법을 증진한다. 인터넷 기반의 저렴한 출판 양식
들과 디지털 사진 등 다양한 기술들을 통해 연구자들이 새로운 방식
으로 발표를 개념화할 수 있게 되면서 기술적 발전도 연구의 모양이

변화하는 방식에 기여하고 있다. 간략히 말해서, 초학제성은 학계로 하여금, 비효과적이고 낡은 규범이 아닌, 프로젝트의 중심에 놓인 이슈/문제와 관련하여 연구의 결과물들을 "보도록" 하고 있다.

　마지막으로, 기금 문제가 있다. 연구 의제를 발전시키기 위해 어떠한 유형의 프로젝트들이 필요한 기금을 받는가? 이 질문은 경력을 쌓고자 하는 개별 연구자뿐 아니라 학계 전체에도 매우 중요하다. 기금 신청은 초학제적 협력보다는 학제적 관점들을 선호하는 방식으로 구조화되어 있는 경우가 많다. 예를 들어, 외부의 대규모 기금 제공자들뿐 아니라 학술기관 내부에서 기금을 제공할 때도 연구자들에게 특정 학제 내의 학위를 요구하는 경우가 많다. 또 심사위원회들도 (방법론적 가정과 선호 등) 특정한 학제적 렌즈를 끼고 있는 특정 학제의 구성원들로 이루어져 있다. 그러나 우리의 관심을 요하는 심각한 문제들이 산적해 있는 오늘날에는 중요한 문제들을 다루고자 하는 연구자/연구팀들을 지원하기 위한 기금도 증가하고 있다. 일례로, 최근에 미국 국립보건원National Institutes of Health은 암 및 심장질환과 관련된 격차를 보다 잘 이해하고 이에 대응하기 위한 연구에서 10개 지역을 선정하고 5개년에 걸쳐 1억 달러의 기금을 제공했다. 여기서 눈에 띄는 점은 국립보건원이 사회학자들이 이끄는 연구팀들에도 이 기금을 제공했다는 것이다. 이는 초학제적 노력을 요하는 보건과 복지적 측면의 불평등 문제에 통합된 의료적 관점과 총체적 접근법을 적용할 의지가 있음을 보여주는 것이다. 나는 연구자들이 문제를 연구의 중심에 놓고, 그것을 가장 잘 다룰 수 있는 전문성과 자원들을 한데 모은다면 그러한 노력을 지원하는 기금도 따라올 것이라고 믿는다. 또 초학제적 문제 해결을 위해 우리의 학제적 자원들을 모으면 더 많은 지원을 확보할 수 있음을 발견하게 될 수도 있다. 어느 쪽이든 우리가 당면한 도전과제들은 우리를 기다려주지 않는다. 찰스 F. 케터링Charles F. Kettering이 쓴 것처럼 "내 관심은 미래에 있다. 내 남은 삶을 거기서 보낼 것이기 때문이다."

참고문헌

Abbott, A. (2001). *Chaos of Disciplines*. Chicago: University of Chicago Press.

Agadala, K. (1991). "Households and Historical Change on Plantations in Kenya." In Masini, E. & Stratigos, S. (Eds.) *Women, Households and Change*, 205–241. Tokyo: United Nations University Press.

Anderson, B. (1991). *Imagines Communities: Reflections on the Origin and Spread of Nationalism* (rev. ed.). New York: Verso.

Anzaldua, G. (1987). *Borderlands/La Frontera: The New Mestiza* (2nd ed.). San Francisco: Aunt Lute Books.

Austin, W., Park, C., & Goble, E. (2008). From Interdisciplinary to Transdisciplinary Research: A Case Study. *Qualitative Health Research*, 18(4), 557–564.

Bailey, C. (1996). *A Guide to Field Research*. Thousand Oaks, CA: Pine Forge.

———. (2007). *A Guide to Qualitative Field Research*. Thousand Oaks, CA: Pine Forge.

Barone, T. (1990). "Using the Narrative Text as an Occasion for Conspiracy." In Eisner, E. W. & Peshkin, A. (Eds.) *Qualitative Inquiry in Education*, 305–326. New York: Teacher's College Press.

Berg, B. (2007). *Qualitative Research Methods for the Social Sciences*. New York: Pearson.

Berger, P. L., Berger, B., & Keller, H. (1973). *The Homeless Mind: Modernization and Consciousness*. New York: Random House.

Bergum, V. & Dossetor, J. (2005). *Relational Ethics: The Full Meaning of Respect*. Hagerstown, MD: University Publishing Group.

Bhabba, H. (1990). "The Third Space: Interview with Homi Bhabba." In Jonathon Rutherford (Ed.) *Identity: Community, Culture, Difference*, 207–222. London, UK: Routledge.

———. (1994). *The Location of Culture*. Oxford, UK: Routledge.

Boal, A. (1985). *Theatre of the Oppressed*. New York: Theatre Communications Group.

———. (1998). *Legislative Theatre: Using Performance to Make Politics*. London, UK: Routledge.

Bordo, S. (1989). "Anorexia Nervosa: Psychopathology as the Crystallization of Culture." In Diamone, I. & Quimby, L. (Eds.) *Feminism and Foucault: Reflections on Resistance*, 87–118. Boston: Northeastern University Press.

Boulding, E. (1991). "Prologue." In Masini, E. & Stratigos, S. (Eds.) *Women, Households and Change*, xi–xvi. Tokyo: United Nations University Press.

Bown, A. (2004). Mind the Gap. Unpublished play.

Brandao, C.A.L. (2007). Transdisciplinarity, Yesterday and Today. *Art Papers: Electronic Art and Animation Catalog*—Art Gallery. Atlanta: Art Papers.

Bruce, A., Lyall, C., Tait, J., & Williams, R. (2004). Interdisciplinary Integration in Europe: The Case of the Fifth Framework Programme. *Futures, 36*, 457–470.

Burger, P. & Kamber, R. (2003). Cognitive Integration in Transdisciplinary Science: Knowledge as a Key Notion. *Issues in Integrative Studies, 21*, 43–73.

Cameron, F. & Mengler, S. (2009). Complexity, Transdisciplinarity, and Museum Collections Documentation: Emergent Metaphors for a Complex World. *Journal of Material Culture, 14*(2), 189–218.

Carlsson, L. (2001). Non-Hierarchical Evaluation of Policy. *Evaluation, 6*(2), 201–216.

Chan, Z. C. Y. (2003). A Poem: Anorexia. *Qualitative Inquiry, 9*(6), 956-957.

Connor, L., Treloar, C., & Higginbotham, N. (2001). "How to Perform Transdisciplinary Research: Qualitative Study Designs and Methods." In Higginbotham, N., Albrecht, G., & Connor, L. (Eds.) *Health Social Science: A Transdisciplinary and Complexity Perspective*, 227-265. South Melbourne, Australia: Oxford University Press.

Creswell, J. W. (2003). *Research Design: Qualitative, Quantitative, and Mixed Methods Approaches* (2nd ed.). Thousand Oaks, CA: Sage.

Darbellay, I., Cockell, M., Billotte, J., & Waldvogel, F. (2008). "Introduction: For a World Knowledge Dialogue." In Darbellay, I., Cockell, M., Billotte, J., & Waldvogel, F. (Eds.) *A Vision of Transdisciplinarity: Laying Foundations for a World Knowledge Dialogue*, xvii-xxix. EPFL Press: distributed by CRC Press Switzerland.

Delgado, R. & Stefancic, J. (2001). *Critical Race Rheumy: An Introduction.* New York: New York University Press.

Denzin, N. (2005). "The Moral Activist Role of Critical Race Theory Scholarship." In Denzin, N. & Lincoln, Y. (Eds.) *The SAGE Handbook of Qualitative Research*, 279-302. Thousand Oaks, CA: Sage.

————. & Lincoln, Y. (2008). "Introduction: Critical Methodologies and Indigenous Inquiry." In Denzin, N., Lincoln, Y., & Tuhiwai Smith, L. (Eds.) *Handbook of Critical and Indigenous Methodologies*, 1−20. Thousand Oaks, CA: Sage.

Depres, C., Brais, N., & Auellan, S. (2004). Collaborative Planning for Retrofitting Suburbs: Transdisciplinary and Intersubjectivity in Action. *Futures, 36*, 471-486.

Derrida, J. (1966). "The Decentering Event in Social Thought." In Bass, A. (Trans.) *Writing the Difference*, 278-282. Chicago: University of Chicago Press.

————. (1997). *Deconstruction in a Nutshell: A Conversation with Jacques Derrida/Edited with a Commentary by John D. Caputo.* New York: Fordham University Press.

Diamond, D. (2004). Practicing Democracy. Unpublished play.

Eisner, E. (2002). *The Arts and the Creation of Mind*. New Haven, CT: Yale University Press.

Ernst, R. (2000). "Societal Responsibility of Universities, Wisdom and Foresight Leading to a Better World." In Somerville, M. A. & Rapport, D. J. (Eds.) *Transdisciplinarity: ReCreating Integrated Knowledge*, 121-136. Oxford, UK: EOLSS Publishers Co. Ltd.

Ernst, R. R. (2008). "Societal Responsibility of Universities. Wisdom and Foresight Leading to a Better World." In Darbellay, F., Cockell, M., Billotte, J., & Waldvogel, F. (Eds.) A *Vision of Transdisciplinarity: Laying Foundations for a World Knowledge Dialogue*, 121-135. Boca Raton, FL: CRC.

Faulkner, S. L. (2006). Reconstruction: LGBTQ and Jewish. *International and Intercultural Communication Annual*, 29, 95-120.

———. (2009). *Poetry as Method: Reporting Research through Verse*. Walnut Creek, CA: Left Coast.

Flinterman, J., Teclemariam-mesbah, R., Broerse, J. E., & Bunders, J. F. (2001). Transdisciplinarity: The New Challenge for Biomedical Research. *Bulletin of Science, Technology & Society*, 21(4), 253-266.

Foucault, M. (1976). "Power as Knowledge." In Hurley, R. (Trans.) *The History of Sexuality, Vol. 1: An Introduction*, 92-102. New York: Vintage Books.

Frisch, M. (1990). *A Shared Authority: Essays on the Craft and Meaning of Oral and Public History*. New York: State University of New York Press.

Frost, R. (1920). "The Road Not Taken." In Frost, R. (Ed.) *Mountain Interval*. New York: Henry Holt and Company.

Futures of Transdisciplinarity. (2004). *Futures, 36*(4), 397-403.

Gatson, S. N. (2003). On Being Amorphous: Autoethnography, Genealogy, and a Multiracial Indentity. *Qualitative Inquiry, 9* (1), 20-48.

Glenn, E. N. (2000). Creating a Caring Society. *Contemporary Sociology, 29*(1), 84-94.

Gibbons, M., Limoges, C., Nowotny, H., Schwartzman, S., Scott, T., & Trow, M. (1994). *The New Production of Knowledge: The Dynamics of Science and Research in Contemporary Societies.* London: Sage.

Giri, A. K. (2002). The Calling of a Creative Transdisciplinarity. *Futures, 34*(1), 103-115.

Gray, R. et al. (2003). Reactions of Health Professionals to a Research-Based Theatre Production. *Journal of Cancer Education, 18* (40), 223-229.

Greckhamer, T., Koro-ljungberg, M., Cilesiz, S., & Hayes, S. (2008). Demystifying Interdisciplinary Qualitative Research. *Qualitative Inquiry, 14*(2), 307-328.

Grosz, E. (1995). *Volatile Bodies: Toward a Corporeal Feminism.* Bloomington: Indiana University Press.

Haberli, B. & Grossenbacher-Mansuy, W. (1998). Transdisziplinaritat Zwischen Forderung Und Uberfonderung. Erkenntnisse aus dem spp Umwelt. *GAIA, 7*(3), 196-213.

Hadorn, G.H., Biber-Klemm, S., Grossenbacher-Mansuy, W., Hoffmann-Riem, H., Joye, D., Pohl, C., Wiesmann, U., & Zemp, E. (2008). "The Emergence of Transdisciplinarity as a Form of Research." In Hadorn, G.H., Hoffmann-Riem, H., Biber-Klemm, S., Grossenbacher - Mansuy, W., Joye, D., Pohl, C., Wiesmann, U., & Zemp, E. (Eds.) *Handbook of Transdisciplinary Research,* 19-39. Springer Science.

Halpin, Z. (1989). Scientific Objectivity and the Concept of "The Other." *Women's Studies International Forum, 12*(3), 285-294.

Haraway, D. (1991). Situated Knowledges: The Science Question in Feminism and the Privilege of Partial Perspective. *Feminist Studies, 14,* 575-599.

Harvey, M.R., Mishler, E.G., Koenan, K., & Harney, P.A. (2000). In the Aftermath of Sexual Abuse: Making and Remaking Meaning in Narratives of Trauma and Recovery. *Narrative Inquiry, 10*(2), 291-311.

Herath, D. (2008). Development Discourse of the Globalists and Dependency Theorists: Do the Globalisation Theorists Rephrase and Reword the Central Concepts of the Dependency School? *Third World Quarterly, 29*(4), 819-834.

Hershorn, K. (2005, May 5). Learning through Arts-Based Action Research: Creative Approaches to Destructive Dynamics in Our Schools and in Our World. Paper presented at the International Congress of Qualitative Inquiry.

Hesse-Biber, S. N. (2011). *Mixed Methods Research: Merging Theory with Practice*. New York: Guildford.

Hesse-Biber, S. N. & Leavy, P. (2006). *Emergent Methods in Social Research*. Thousand Oaks, CA: Sage.

———. (2007). *Feminist Research Practice: A Primer*. Thousand Oaks, CA: Sage.

———. (2008). "Pushing on the Methodological Boundaries: The Growing Need for Emergent Methods within and Across the Disciplines." In Hesse-Biber, S. & Leavy, P. (Eds.) *Handbook of Emergent Methods*, 1-15. New York: Guilford.

———. (2011). *The Practice of Qualitative Research* (2nd ed.). Thousand Oaks, CA: Sage.

Hill-Collins, P. (1991). Black Feminist Thought in the Matrix of Domination. *Black Feminist Thought: Knowledge, Consciousness, and the Politics of Empowerment*. London: HarperCollins.

Hoffmann-Riem, H., Biber-Klemm, S., Grossenbacher-Mansuy, W., Hadorn, G.H., Joye, D., Pohl, C., Wiesmann, U., & Zemp, E. (2008). "Idea of the Handbook." In Hadorn, G.H., Hoffmann-Riem, H., Biber-Klemm, S., Grossenbacher-Mansuy, W., Joye, D., Pohl, C., Wiesmann, U., & Zemp, E. (Eds.) *Handbook of Transdisciplinary Research*, 3-17. Springer Science.

Holm, G. (2008). "Visual Research Methods: Where Are We and Where Are We Going?" In Hesse-Biber, S. & Leavy, P. (Eds.) *Handbook of Emergent Methods*, 325-341. New York: Guilford.

Horlick-Jones, T. & Sime, J. (2004). Living on the Border: Knowledge, Risk, and Transdisciplinarity. *Futures, 36*, 441-456.

Hunter, H., Lusardi, P., Zucker, D., Jacelon, C., & Chandler, G. (2002). Making Meaning: The Creative Component in Qualitative Research. *Qualitative Health and Research Journal, 12*(3), 388-389.

Irigaray, L. (1985). *This Sex Which is Not One*. Ithaca, NY: Cornell University Press.

Irwin, R. L. (2004). "A/r/tography: A Metonymic Metissage." In Irwin, R. L. & de Cosson, A. (Eds.) *A/r/tography: Rendering Self through Arts-Based Living Inquiry*, 27-40. Vancouver, BC: Pacific Educational.

Ismail, Z. (2008). "BRAINetwork: 'An Experiment in Transdisciplinarity.'" In Darbellay, F., Cockell, M., Billotte, J., & Waldvogel, F. (Eds.) *A Vision of Transdisciplinarity: Laying Foundations for a World Knowledge Dialogue*, 174-182. Boca Raton, FL: CRC.

Iyall Smith, K. E. (2008). "Hybrid Identities: Theoretical Examinations." In Iyall Smith, K. E. & Leavy, P. (Eds.) *Hybrid Identities: Theoretical and Empirical Examinations*, 3-11. Chicago: Haymarket Books.

———. & Leavy, P. (2008). *Hybrid Identities: Theoretical and Empirical Examinations (Studies in Critical Social Sciences)*. Chicago: Haymarket Books.

Janesick, Valerie J. (2001). Intuition and Creativity: A Pas de Deux for Qualitative Researchers. *Qualitative Inquiry*, 7(5), 531-540.

Jantsch, E. (1972). *Interdisciplinarity: Problems of Teaching and Research in Universities*. Paris: OECD.

Johnson, R. (2001). Historical Returns: Transdisciplinarity, Culture Studies, and History. *European Journal of Cultural Studies,* 4(3), 261-288.

Jones, K. (2004). The Turn to a Narrative Knowing of Persons: One Method Explored. *Narrative Studies,* 8(1), 60-71.

———. (2006). A Biographic Researcher in Pursuit of an Aesthetic: The Use of Arts-Based (Re)presentations in 'Performative' Dissemination of Life Stories. *Qualitative Sociology Review,* 2(1).

Klein, J.T., Grossenbacher-Mansuy, W., Haberli, R., Bill, A., Scholz, R.W., & Welti, M. (Eds.). (2001). *Transdisciplinarity: Joint Problem Solving among Science, Technology, and Society*. Basel, Switzerland: Birkhauser Verlag.

Klein, J. T. (1990). *Interdisciplinarity: History, Theory & Practice*. Detroit: Wayne State University Press.

———. (2000). "Integration, Evaluation, and Disciplinarity." In Somerville, M. A. & Rapport, D. J. (Eds.) *Transdisciplinarity: ReCreating Integrated Knowledge*, 49-59. Oxford, UK: EOLSS Publishers Co. Ltd.

———. (2000). "Voices of Royaumont." In Somerville, M. A. & Rapport, D. J. (Eds.) *Transdisciplinarity: ReCreating Integrated Knowledge*, 3-12. Oxford, UK: EOLSS Publishers Co. Ltd.

———. (2004). Prospects for Transdisciplinarity. *Futures, 36*, 515-526.

———. et al. (Eds.). (2001). *Transdisciplinarity: Joint Problem Solving among Science, Technology, and Society*. Basel, Switzerland; Boston; Berlin: Birkhauser Verlag.

Krieger, N. (2005). "Introduction." In *Health Disparities and the Body Politic*, 5-9. Boston: Harvard School of Public Health.

Krimsky, S. (2000). "Transdisciplinarity for Problems at the Interstices of Disciplines." In Somerville, M. A. & Rapport, D. J. (Eds.) *Transdisciplinarity: ReCreating Integrated Knowledge*, 109-114. Oxford, UK: EOLSS Publishers Co. Ltd.

Kuhn, T. S. (1963). *The Structure of Scientific Revolutions*. Chicago: University of Chicago Press.

———. (1996). *The Structure of Scientific Revolutions* (3rd ed.). Chicago: University of Chicago Press.

Langellier, K. M. & Peterson, E. E. (2006). "Shifting Contexts in Personal Narrative Performance." In Madison, D. S. & Hamera, J. (Eds.) *The SAGE Handbook of Performance Studies*, 151-168. Thousand Oaks, CA: Sage.

Lasker, R. D., Weiss, E. S., & Miller, R. (2001). Partnership Synergy: A Practical Framework for Studying and Strengthening the Collaborative Advantage. *The Milbank Quarterly, 79*, 170-205.

Last, J. (2000). "Some Transdisciplinary Experiences." In Somerville, M.A. & Rapport, D.J. (Eds.) *Transdisciplinarity: ReCreating Integrated Knowledge*, 193-202. Oxford, UK: EOLSS Publishers Co. Ltd.

Lawrence, R. J. (2004). Housing and Health: From Interdisciplinary Principles to Transdisciplinary. *Futures, 36*, 397-405.

———. & Depres, C. (2004). Futures of Transdisciplinarity. *Futures, 36*, 397-405.

Leavy, P. (2008). "An Introduction to Empirical Examinations of Hybritity." In Iyall Smith, K. & Leavy, P. (Eds.) *Hybrid Identities: Theoretical and Empirical Examinations*, 167-178. Chicago: Haymarket Books.

———. (2009). *Method Meets Art: Arts-Based Research Practices*. New York: Guilford.

———. (2010). Poetic Bodies: Female Body Image, Sexual Identity and Arts-Based Research. *LEARNing Landscapes*, 4(1), 175-188.

Lincoln, Y. & Guba, E. (2000). "The Only Generalization Is: There Is No Generalization." In Gomm, R., Hammersley, M., & Foster, P. (Eds.) *Case Study Method: Key Issues, Key Texts*, 27-44. London, UK: Sage.

Locsin, R. C. et al. (2003). Surviving Ebola: Understanding Experience through Artistic Expression. *International Nursing Review, 50*(3), 156-166.

Loftin, W. A., Barnett, S. K., Bunn, P. S., & Sullivan, P. (2005). Recruitment and Retention of Rural African Americans in Diabetes Research: Lesson Learned. *The Diabetes Educator, 31*(2), 251-259.

Lorber, J. (1993). "Believing Is Seeing: Biology as Ideology." In Weitz, R. (Ed.) *The Politics of Women's Bodies: Sexuality, Appearance, and Behavior*, 12-24. New York: Oxford University Press.

———. (2008). "Constructing Gender: The Dancer and the Dance." In Holstein, J. & Gubrium, J. (Eds.) *Handbook of Constructionist Research*, 531-544. New York: Guilford.

Lukehart, J. (1997). "Collaborative, Policy-Related Research in the Area of Fair Housing and Community Development." In Nyden, P., Figert, A., Shibley, M., & Burrows, D. (Eds.) *Building Community: Social Science in Action*, 47-51. Thousand Oaks, CA: Pine Forge.

Macdonald, R. (2000). "The Education Sector." In Somerville, M.A. & Rapport, D.J. (Eds.) *Transdisciplinarity: ReCreating Integrated Knowledge*, 241-244.

Oxford, UK: EOLSS Publisher Co. Ltd.

Masini, E. B. (2000). "Transdisciplinarity, Futures Studies, and Empirical Research." In Somerville, M. A. & Rapport, D. J. (Eds.) *Transdisciplinarity: ReCreating Integrated Knowledge*, 117–124. Oxford, UK: EOLSS Publishers Co. Ltd.

———. (1991). "The Household, Gender, and Age Project." In Masini, E. & Stratigos, S. (Eds.) *Women, Households and Change*, 3–17. Tokyo: United Nations University Press.

Max-Neef, M. A. (2005). Foundations of Transdisciplinarity. *Ecological Economics, 53*, 5–16.

McDonell, G. J. (2000). "Disciplines as Cultures: Toward Reflection and Understanding." In Somerville, M. A. & Rapport, D. J. (Eds.) *Transdisciplinarity: ReCreating Integrated Knowledge*, 25–37. Oxford, UK: EOLSS Publishers Co. Ltd.

McLeod, J. (1988). The Arts and Education. Paper presented at an international seminar cosponsored by the Fine Arts Council of the Alberta Teachers' Association and the University of Alberta Faculty of Education. Edmonton, Alberta, Canada.

McMichael, A. J. (2000). "Assessing the Success or Failure of Transdisciplinarity." In Somerville, M. A. & Rapport, D. J. (Eds.) *Transdisciplinarity: ReCreating Integrated Knowledge*, 218–220. Oxford, UK: EOLSS Publishers Co. Ltd.

———. (2000). "Doing Transdisciplinarity." In Somerville, M. A. & Rapport, D. J. (Eds.) *Transdisciplinarity: ReCreating Integrated Knowledge*, 15–19. Oxford, UK: EOLSS Publishers Co. Ltd.

McTeer, M. (2005). Leadership and Public Policy. *Policy, Politics, & Nursing Practice, 6*(1), 17–19.

Meade C. D., Menard, J. M., Luque, J. S., Martinez-Tyson, D., & Gwede, C. K. (2009). Creating Community-Academic Partnerships for Cancer Disparities Research and Health Promotion. *Health Promotion Practice, 12*(3), 456–462.

Merleau-Ponty, M. (1962). *Phenomenology of Perception*. Smith, C. (Trans.). London: Routledge and Kegan Paul.

Messerli, B. & Messerli, P. (2008). "From Local Projects in the Alps to Global Change Programmes in the Mountains of the World: Milestones in Transdisciplinary Research." In Hadorn, G. H. et al. (Eds.) *The Handbook of Transdisciplinary Research*, 43‒62. Bern, Switzerland: Springer.

Mienczakowski, J. (1994). Syncing Out Loud: A Journey into Illness [Script]. Bisbane, Australia: Griffith University Reprographics.

―――. (1995). The Theatre of Ethnography: The Reconstruction of Ethnography into Theatre with Emancipatory Potential. *Qualitative Inquiry, 1*(3), 360‒375.

―――, Smith, L., & Morgan, S. (2002). "Seeing Words—Hearing Feelings: Ethnodrama and the Performance of Data." In Bagley, C. & Cancienne, M. B. (Eds.) *Dancing the Data*, 90‒104. New York: Peter Lang.

Miller, R. (1982). Varieties of Interdisciplinary Approaches in the Social Sciences. *Issues in Integrative Studies, 1*, 1‒17.

Mittlestrass, J. (1992). Auf dem Weg Zur Transdisziplinaritat. GAIA, 1(5), 250.

―――. (1996). *Enzyklopadie Philosophe und Wissenschaftstheorie, 4*. Stuttgart: Birkhauser.

Morgan, N. (2000). "Notions of Transdisciplinarity." In Somerville, M. A. & Rapport, D. J. (Eds.) *Transdisciplinarity: ReCreating Integrated Knowledge*, 38‒41. Oxford, UK: EOLSS Publishers Co. Ltd.

Newell, W. H. (2000). "Transdisciplinarity Reconsidered." In Somerville, M. A. & Rapport, D. J. (Eds.) *Transdisciplinarity: ReCreating Integrated Knowledge*, 42‒48. Oxford, UK: EOLSS Publishers Co. Ltd.

―――. & Krimsky, S. (2000). "How Do We Research and Evaluate Transdisciplinarity?" In Somerville, M. A. (Ed.) *Transdisciplinarity: ReCreating Integrated Knowledge*, 230‒234. Oxford, UK: EOLSS Publishers Co. Ltd.

Nicolescu, B. (1996). *La Transdisciplinarite-Manifeste*. Monaco: Editions du Rocher.

―――. (2002). *Manifesto of Transdisciplinarity*. Voss, K. (Trans.). New York : State University of New York Press.

Nisker, J. A. & Bergum, V. (1999). A Child on Her Mind. Canadian Bioethics

Society Annual Conference. Edmonton, Alberta, Canada.

Nisker, J. (2008). "Healthy Policy Research and the Possibilities of Theater." In Knowles, J. G. & Cole, A. L. (Eds.) *Handbook of the Arts in Qualitative Research*, 613-623. Thousand Oaks, CA: Sage.

Nissani, M. (1995). Fruits, Salads, and Smoothies: A Working Definition of Interdisciplinarity. *Journal of Educational Thought, 29*(2), 121-128.

Norris, J. (2000). Drama as Research: Realizing the Potential of Drama in Education as a Research Methodology. *Youth Theatre Journal, 14,* 40-51.

———. (2009). *Playbuilding as Qualitative Research*. Walnut Creek, CA: Left Coast.

Perrig-Chiello, P. & Darbellay, F. (2002). "Inter-et transdisciplinarite: concepts et methods." In Perrig-Chiello, P. & Darbellay, F. (Eds.) *Qu'estce-que l'interdisciplinarite? Les nouveaux defis de l'enseignment*, 13-34. Lausanne, Switzerland: Editions Realites Sociales.

Picard, C. (2000). Patterns of Expanding Consciousness on Midlife Women. *Nursing Science Quarterly*, 13(2), 150-157.

Piko, B.F. & Kopp, M.S. (2008). "Behavioral Sciences in the Health Field: Integrating Natural and Social Sciences." In Hadorn, G.H., Hoffmann-Riem, H., Biber-Klemm, S., Grossenbacher-Mansuy, W., Joye, D., Pohl, C., Wiesmann, U., & Zemp, E. (Eds.) *Handbook of Transdisciplinary Research*, 305-314. Springer Science.

Pinto, R. M. (2009). Community Perspectives on Factors that Influence Collaboration in Public Health Research. *Health Education and Behavior, 20*, 1-18.

Pohl, C. (2005). Transdisciplinary Collaboration in Environmental Research. *Futures, 37*, 1159-1178.

———. & Hadorn, G. H. (2007). *Principles for Designing Transdisciplinary Research*. Zimmermann, A. B. (Trans.). Munich, Germany: Oekom Gesell F. Oekolog.

Poindexter, C.C. (2002). Research as Poetry: A Couple Experiences HIV. *Qualitative Inquiry, 8*, 707-714.

Porteous, J., Higginbotham, N., Freeman, S., & Connor, L. (2001). "Qualitative Case-Control and Case-Study Designs." In Higginbotham, N., Albrecht, G., & Connor, L. (Eds.) *Health Social Science:A Transdisciplinary and Complexity Perspective*, 304-339. South Melbourne, Australia: Oxford University Press.

ProClim, (1997). Footnote 14, cited in Pohl, C. & Hadorn, G.H. (2007) *Principles for Designing Transdisciplinary Research*, 71. Zimmermann, A. B. (Trans.). Munich, Germany: Oekom Gesell F. Oekolog.

Ramadier, J. (2004). Transdisciplinarity and Its Challenges: The Case of Urban Studies. *Futures, 36*, 423-439.

Riger, S. (1992). Epistemological Debates, Feminist Voices: Science, Social Values, and the Study of Women. *American Psychologist, 47*(6), 730-740.

Ritzer, G. (2008). *Modern Sociological Theory* (7th ed.). New York: McGraw-Hill. Robertson, R. (1996). "Globality, Globalization and Transdisciplinarity." In Friedman, J. (Ed.) *Cultural Identity and Global Process*, 127-132. London: Sage.

Russell, A. W., Wickson, F., & Carew, A. L. (2008). Transdisciplinarity: Context, Contradictions and Capacity. *Futures, 40*, 460-472.

Saarnivaara, M. (2003). Art as Inquiry: The Autopsy of an [Art] Experience. *Qualitative Inquiry, 9*(4), 580-602.

Saldana, J. (1999). Playwriting with Data: Ethnographic Performance Texts. *Youth Theatre Journal, 14*, 60-71.

Sandoval, C. (2000). *Methodology of the Oppressed*. St. Paul: University of Minnesota Press.

Scott, J. (1991). *Social Network Analysis: A Handbook*. London: Sage.

Simon, H. (1992). "Living in Interdisciplinary Space." In Szendberg, M. (Ed.) *Eminent Economists: Their Life Philosophies*, 261-269. Cambridge, UK: Cambridge University Press.

Sinner, A., Leggo, C., Irwin, R., Gouzouasis, P., & Grauer, K., (2006). Arts-Based Education Research Dissertations: Reviewing the Practices of New Scholars. *Canadian Journal of Education, 29* (4), 1223-1270.

Snowber, C. (2002). "Bodydance: Enfleshing Soulful Inquiry through Impro-visation." In Bagley, C. & Cancienne, M. B. (Eds.) *Dancing the Data*, 20–33. New York: Peter Lang.

Sprague, J. & Zimmerman, M. (1993). "Overcoming Dualisms: A Feminist Agenda for Sociological Method." In England, P. (Ed.) *Theory on Gender/ Feminism on Theory*, 255–279. New York: Aldine DeGruyter.

Spry, T. (2006). "Performing Autoethnography: An Embodied Methodological Praxis." In Hesse-Biber, S. & Leavy, P. (Eds.) *Emergent Methods in Social Research*, 183–211. Thousand Oaks, CA: Sage.

Steinmetz, G. (2007). Transdisciplinarity as a Nonimperial Encounter: For an Open Sociology. *Thesis Eleven*, 91, 48–65.

Stoecker, R. (2005). *Research Methods for Community Change: A Project-Based Approach*. Thousand Oaks, CA: Sage.

———. (2008). Challenging Institutional Barriers to Community-Based Research. *Action Research, 6*(1), 49–67.

Strand, K., Cutforth, N., Stoecker, R., Marullo, S., & Donohue, P. (2003). *Community-Based Research and Higher Education: Principles and Practices*. San Francisco: Jossey-Bass.

Sumi, A. (2008). "New Initiatives of the University of Tokyo toward Establishing a Strategy for Sustainability through Knowledge Structuring and a Transdisciplinary Approach." In Darbellay, F., Cockell, M., Billotte, J., & Waldvogel, F. (Eds.) *A Vision of Transdisciplinarity: Laying Foundations for a World Knowledge Dialogue*, 167–172. Boca Raton, FL: CRC.

Tarlington, C. & Michaels, W. (1995). *Building Plays: Simple Playbuilding Techniques at Work*. Markham, ON, Canada: Pembroke.

Tenni, C., Smyth, A., & Boucher, C. (2003). The Researcher as Autobiographer: Analyzing Data Written about Oneself. *The Qualitative Report, 8*(1), 1–12.

Thomas, S. (2008). Art as "Connective Aesthetic": Creating Sites for Community Collaboration. *LEARNing Landscapes, 2*(1), 69–84.

Treloar, C. & Graham, I. D. (2003). Multidisciplinary Cross-National Studies: A Commentary on Issues of Collaboration, Methodology, Analysis, and Publication. *Qualitative Health Research, 13*(7), 924-932.

Van Manen, M. (2001). Transdisciplinarity and the New Production of Knowledge. Qualitative *Health Research, 11*(6), 850-852.

Vickers, M. H. (2002). Researchers as Storytellers: Writing on the Edge—and Without a Safety Net. *Qualitative Inquiry, 8*(5), 608-621.

Wallerstein, I. (2000). *The Essential Wallerstein*. New York: New Press.

Wang, C. (2005). "Photovoice: Social Change through Photography." http://www.photovoice.com/method/index.html.

Wedel, J. R., Shore, C., Feldman, G., & Lathrop, S. (2005). Toward an Anthropology of Public Policy. *The ANNALS of the American Academy of Political and Social Science, 600,* 30-49.

Whittemore, R., Chase, S. K., & Mandle, C. L. (2001). Validity in Qualitative Research. *Qualitative Research,* 11(4), 522-532.

Wickson, F., Carew, A. L., & Russell, A. W. (2006). Transdisciplinary Research: Characteristics, Quandaries and Quality. *Futures, 38,* 1046-1059.

Worthen, W.B. (1998). Drama, Performativity, and Performance. *PMLA, 133*(5), 1093-1107.

Worthington, R. (2007). Community-Based Research and Technoscience Activism: A Report on the Living Knowledge 3 Conference. *Science as Culture, 16*(4), 475-480.

찾아보기

사항색인

ㅈ

영문색인

저자 소개

저자 패트리샤 리비(Patricia Leavy) 교수는, 베스트셀러 작가이자 여성학 분야의 전문가이고, 융합연구, 질적연구의 권위자이다. 특히 그녀는 연구가 대중적인 접근성을 가질 수 있는 수단으로써의 예술기반 연구의 세계적 권위자로 널리 알려져 있다. 보스턴대학(Boston College)에서 사회학 박사를 취득한 후, 미국 스톤힐대학의 사회학 및 범죄학 부교수로 재직하며 젠더연구프로그램의 창립 센터장으로 활동하였고, 현재 작가이자 독립적 연구자로서 집필과 연구, 강연에 집중하고 있다. 리비 교수는 The Practice of Qualitative Research (Sage, 2011) 등 9권의 연구방법론 저서를 포함 18권의 저서를 출판하였으며, 옥스퍼드대학교 출판부의 질적연구방법론의 이해(Understanding Qualitative Research)의 편집인으로 활동하고 있다. 젠더, 대중문화 등 다양한 사회학적 주제들에 관한 전문가로서 미국 안팎의 언론매체에서 자주 인용되며, CNN의 글렌 벡 쇼와 루 도브스의 투나잇 등 시사 프로그램에 출현했다. 뉴잉글랜드 사회학회(New England Sociological Association)에 의해 2010년도 '올해의 뉴잉글랜드 사회학자'로 선정되었다. 2014년 미국창의협회 특별업적상 수상자이며, 2015년 국제질적연구학회 특별상 수상자이기도 하다.
보다 자세한 내용은 www.patricialeavy.com를 참조.

역자 소개

역자 송인한 교수는, 미국 시카고대학교에서 박사학위를 마치고 뉴욕 아델파이대학교 교수를 역임한 후 연세대학교 사회복지대학원(정신보건 및 보건복지 전공)에 재직 중이며, 현재 연세대학교 미래융합연구원(ICONS) 부원장 및 사회과학대학 사회복지학과장을 맡고 있다. 융합연구 관련으로 미국 시카고대학교의 여성건강연구(Women's Wellness Study) 프로젝트 및 학제간 건강불평등 연구소(Center for Interdisciplinary Health Disparities Research) 연구원 및 연계교수로 활동하였고, 현재 미래융합연구원 첨단기술과 정신건강 융합연구센터장으로 활동하고 있다. 연세대학교에서 2011년부터 4년 연속 우수강의상을 수상하였고, 정신보건 및 보건사회복지, 자살예방, 학제간 융합연구방법론, 여성건강, 사회치유, 임상사회복지, 인간관계 등의 다양한 주제에 관해 융합연구와 강의를 활발히 진행하고 있다. 대표업적으로는 "보건사회복지"(박영사, 2015) 등의 저역서와 "Association between suicidal ideation and exposure to suicide in social relationships"(Suicide and Life-Threatening Behavior, 2015) 등 40여 편의 국내외 논문이 있다.

융합연구방법론: 문제중심형 초학제적 접근방법

초판인쇄	2015년 8월 25일
초판발행	2015년 8월 31일

지은이	Patricia Leavy
옮긴이	송인한
펴낸이	안종만

편 집	김선민 · 우석진
기획/마케팅	조성호
표지디자인	김문정
제 작	우인도 · 고철민

펴낸곳	㈜ 박영story
	서울특별시 마포구 월드컵북로 400, 5층 2호(상암동, 문화콘텐츠센터)
	등록 2014. 2. 12. 제2014-000009호
전 화	02)733-6771
f a x	02)736-4818
e-mail	pys@pybook.co.kr
homepage	www.pybook.co.kr
ISBN	979-11-85754-36-9 93330

정 가   14,000원